PHP
Business Shinsho

IGPI流
ビジネスプランニングのリアル・ノウハウ

Kazuhiko Toyama
冨山　和彦
Industrial Growth Platform, Inc.
経営共創基盤

PHPビジネス新書

はじめに――リアルなビジネスプランニングへの招待状

シニアの経営者から、20代、いや10代の学生まで、今やさまざまな人々がいろいろな理由で事業計画を作る時代となっている。上場大企業の5カ年計画、中小企業の再生計画、ベンチャー企業の立ち上げ資金と人を集めるための事業計画、そして、大学生や高校生が挑戦するビジネスプランコンテスト……。

人生いろいろ、事業計画もいろいろなのだが、私たちＩＧＰＩ（経営共創基盤）は、まさに経営の修羅場、企業の生成、成長、変転、生死に関わる最前線において、幾度となくリアルな事業計画を作り、経営に使ってきた。

「ＩＧＰＩ流リアル・ノウハウシリーズ」第3弾である本書においては、そうした経験を通して蓄積したノウハウ、そして、現実経営における実行を前提とした「生々しい」ビジネスプランニングのノウハウのエッセンスを、読者の皆さんと共有したいと思っている。

中身に入る前に、そもそも「リアルな事業計画とは何か」について整理しておきたい。

「事業という無形物をリアリティのある『物語』として有形化する手段である」

事業はヒト、モノ、カネが有機的に結合しながら営々と継続する、まさにgoing concernであり、家や車のような有形物と違い、はっきりと目には見ないものである。ある年に起きたことが、同じように再現されることも二度とない。ましてや「計画」という、未来に向けて起こそうとしていることがらは、すべて人間の想像の産物でしかないのだ。

それを、自分自身を含めたいろいろなステークホルダーに、できるだけわかってもらう、それも現実感を持ってわかってもらえるよう、リアル感のある「物語」として有形化することが、事業計画の基本的かつ本質的な役割である。

「リアルな『稼ぐ力』のメカニズムの説明書である」

事業は経済的な持続性があって初めて成立するものである。したがって、事業計画には、事業からどのように経済的な稼ぎ（≠お金）が生まれるのか、それも長期持続的に生まれるのか、そのメカニズムが言語と数値と数式で表現されていなければならない。

「説得のツールである」

事業計画を、たった一人で納得して、そのまま実行に移せる立場の人はほぼ皆無だろう。大企業の経営者であれば、組織としての機関決定、取締役会の承認、株主や金融機関への説明責任が問われる。中間管理職的な立場の人が新規事業に取り組む場合は、まずは上司を説得する必要がある。ベンチャー経営者なら、ベンチャーキャピタルからの資金調達、あるいは事業遂行のパートナー作りのために、いったい自分が何をしようとしているのかを説明し、リスクを共有してもらえるよう説得をしなくてはならない。

いろいろな状況に合わせ、いろいろな相手の立場に立って、説得的（頭 and／or 心に刺さる）な計画を作ることが求められるのだ。

「事業を遂行するための行動計画である」

事業という代物が目に見えないのは、会社の中で事業を遂行する経営陣だけではなく、中間管理職、従業員にとっても同様だ。自分の持ち場については、ある種の「物語」を実感できていても、全体の「物語」が見え、かつそれと自分の持ち場との関係をビビッドにつなげることは難しい。今日、明日の物語ならまだしも、それが数年単位の物語になるとなおさらである。

でも、集団が、共通の目的に向かって整合的、継続的に行動するためには、何らかの「共通の計画書」が必要になる。事業計画は、いろいろな立場の人が、「○×△ということは、今、自分に求められていることは△×○なんだ」ということをリアルに想像できるものでなければならない。

「PDCAを回すための仮説である」

その一方で、事業計画と、その前提となっている戦略仮説、成功仮説が、現実にそのとおりになることはほとんどない。リアルな経営の世界においては、戦略仮説を実験室の中で検証実験することは不可能だ。事前にどんなに精緻な調査や分析をやってみても、顧客がどう反応するか、競争相手がどんな手を打ってくるか、最終的には「神のみぞ知る」である。結局、実際にやってみることだけが唯一の検証方法なのだ。

しかし、やみくもに打って出るのではなく、「ある前提条件を置いたときに、この『稼ぎ』のメカニズムのビジネスならこうなるはずだ」という仮説を立て、実行に移すことで、その後の試行錯誤をより効率的に行なえるようなる。前提とロジックがあるからこそ、Plan（計画）、Do（実行）、Check（検証）、Action（対策）のＰＤＣＡサイクルを回すことができるのだ。

「自らの人生の計画書の一部である」

リアルなビジネスプランニングであるということは、計画者は、この先、当分の間、その事業計画に自分の人生のかなりの部分を委ねることになる。自分自身の一度きりの人生、かけがえのない人生の相当の時間を委ねる計画であり、成功仮説とも言える。

もちろん、うまくいくとは限らない。でも、新たなリスクに挑戦しないのなら、リアルなビジネスプランニングに用はないはずだ。リアルな事業計画作りとは、よりよくリスクを取り、よりよく生きるための「人生の計画書」でもある。これは、その事業計画にコミットするすべての人々に、多かれ少なかれ共通することだ。

戦うための計画書である以上、冷静な頭で客観的に状況を分析し、論理的に考え、組み立てる必要がある。しかし、最後の最後、計画策定に関わる人々が、それぞれの人生に関わる切実さ、真摯さ、そして熱さを共有できるか否かが、ビジネスの世界におけるリアルな戦争計画としての事業計画の質を大きく規定する。魂の入っていない事業計画には、現実の成功はついてこないからだ。

さあ、いよいよこれから、リアルなビジネスプランニングへの知的な小旅行の始まりである。

本書に書かれていることに、頭の中だけで考えた記述は一つもない。よその本に書いてあることや、誰かのお話の受け売りもない。すべてそれぞれの書き手の実体験、それも計画策定だけでなく、その後の現実経営に当事者として最終責任を負う立場で、ビジネスの世界のリアルな戦争を戦ってきた経験から導き出されたノウハウのエッセンスである。

この小旅行を通じて、読者の皆さんに、少しでも多くのエッセンスを吸収してもらい、かつ実践に展開することで、それらを自分自身のリアル・ノウハウにしてもらえることを心から期待している。

平成27年4月

経営共創基盤（IGPI）代表取締役　CEO　冨山和彦

ＩＧＰＩ流

ビジネスプランニングのリアル・ノウハウ

目次

はじめに――リアルなビジネスプランニングへの招待状 3

第1章 「事業計画を作ってほしい」と言われたら

1 事業計画をイメージする …… 20
はじめに 20
X社の残念な事業計画事例（新規事業プロジェクト） 21
［新規事業担当部署の新設検討］――２０１４年５月 22
［なかなかできない新規事業担当部署］――２０１４年８月 23
［担当メンバー、ようやく集まる］――２０１４年９月 24
［新規事業推進室の立ち上げ］――２０１４年10月 26
［ターゲットについての社長報告］――２０１４年11月 28
［2回目の社長報告］――２０１５年１月 31
［X社決算説明会にて］――２０１５年５月 39

2 事業計画のアウトライン …… 41

「数字」で語るもの　41
求められる「簿記」の発想　44
財務三表（PL、BS、CS）をおさらいする　47
実績も将来も四則演算の積み重ね　51
頭の体操をしてみよう（財務三表をつなげる）　52
1年目の仮定　52
2年目の仮定　56

3 事業計画を作ってみる

……60
よくある残念なパターン　60
完成までの流れ――何から始めて、どこまでやるのか　64
a：目的（何のために・誰のために）を明確にする　65
b①：作成すべき資料を明確にする　66
b②：納期（作業可能期間）を明確にする　69
c：収集すべき情報（何を前提条件とするか）を検討し、入手する　70
イ：A社の事業内容・財務状況の概観を把握する　73

ロ：A社の将来業績にインパクトを与える変数を把握する　74
ハ：外部環境（市場規模、競合他）も把握する　76
d：入手した情報に基づいて、前提条件の将来数値を考え、エクセルモデルを作成する　77
e：できあがったエクセルモデルの違和感を検証し、必要なシミュレーションを行なう　80
f：エクセルモデルを完成させる（暫定版）　82
g：プロジェクトオーナー（社長、部門長、部長など）に報告する　82
h：見直し指示があった場合、cまたはdまで戻ってモデルを見直し、再度報告する　83
i：エクセルモデルを最終化する　84
j：実績に基づいて、エクセルモデルをアップデートさせる　84

4 事業計画に対してよくある質問に答える……87

よくある質問①「絶対に当たる事業計画を作りたい」「その前提条件がどうして正しいと言えるのか証明してほしい」　87
よくある質問②「新規事業開発を担当しているけれど、いつの時点から事業計画を作ればいいのかわからない」　89

よくある質問③「流れの速い業種なので、事業計画なんて作っても仕方ないと思うのですけど」 91
よくある質問④「戦略だけあれば、事業計画なんていらないのでは？」 93

第2章 事業計画策定の重要な要素 ――そのとき、コンサルタントは何を進言したか

5 なぜ計画は実行されないのか …… 96
「形式的な計画」から「腹落ちする計画」へ 96
目指すゴールを決める 98
ゴールに至る道筋を考える 99
ゴールに向けた歩みの進捗を確認する 101
6 計画策定事例①――外食企業の事業再生 …… 104
業績不振の要因を明らかにする 105
目標とすべきゴール・利益水準を決める 108

対象会社の付加価値に着目する 110
生産性改善策を検討する――店舗人件費 113
生産性改善策を検討する――食材コスト・メニューミックス 118
施策の優先順位をつける 119
売上はシビアに見込む 121
計画のチェック・牽制機能を構築する 123
勝ち続けるために継続性を確保する 125

7 計画策定事例②――機械製造業の事業再生 …… 128

業績不振の要因は何か 128
工場の集約化と原価低減施策を検討する 133
リストラを行なう 137
構造改革資金と純資産をいかに確保するか 141
継続性を確保する 145

第3章 事業計画の意外な効用
——対外コミュニケーションと健康診断機能

8 対外的コミュニケーションツールとしての役割……148
外部の視点を意識・理解しているか 149
計画策定そのもののクセを見極める 154
外部との会話力を鍛える 156

9 学習効果としての役割……163
事業と財務の両視点における学習効果 163
M&A戦略における学習効果と管理会計制度との関係 169
アセットリスク・子会社管理に関する学習効果 173
事業ポートフォリオ管理の基礎情報として 178

10 ベンチャー企業と事業計画……180
なぜ、事業計画不要論は消えないのか 180

ベンチャーにとっての事業計画の役割　184
資金調達と事業計画　185
ベンチャーにおける事業計画の進化の軌跡　188
経営シミュレーション機能としての事業計画の重要性　190

第4章 勝ち抜きシナリオを探る——事業戦略立案のノウハウ

本章の位置づけ：事業計画と事業戦略　196
11 「エンドゲーム」を見極める……201
対象とする事業（業種・業態）に特有の勝ちパターンの見極めを　201
当該事業のエンドゲーム（最終戦争）の構図を推察する　206
エンドゲームは全世界オープンか、地域クローズか　210
インダストリー・バリューチェーン全体の「付加価値分布の変遷」を先取りする　217
コラム 障壁ビジネスほど優勝劣敗の構図がはっきりする　221

12 「勝ちパターン」とは……224
勝ちパターンとは「顧客と企業が太い糸で一直線につながっている状態」 224
事業モデルとは、いったい何なのか 228
何によって優位性が築かれていくのか 231
コラム 事業戦略の立案の前に考えるべきこと 241

13 それぞれ違う「勝ちパターン」……245
勝ちパターンをクリアに見抜くために 245
「市場性」をどういう観点で見立てるか 248
「競争」をどう見立てるか 254
「インダストリー・エコノミクス」をどう見立てるか 259

14 自社固有の「勝ち抜きシナリオ」を考える……268
自社固有の「成功への道筋」を探る 268
コラム 事業戦略と全社戦略の関係を考えてみる 271
事業が置かれた状況によって異なる着眼点 276
局面により、作るべきプランが変わる①――筋のいいアプローチとは 282

局面により、作るべきプランが変わる②――ストレッチとコミットメント　289
最後に：近江商人の「三方よし」（売り手よし、買い手よし、世間よし）　293

装幀写真：永井　浩

第1章

「事業計画を作ってほしい」と言われたら

1 事業計画をイメージする

はじめに

事業計画は、その定義を広義に捉えた場合、事業戦略（第4章にて詳述する）の見直しに向き合うグローバル企業が策定するような重厚なものから、飲み会の計算に関する簡単なものまで、その幅は非常に広い。

「飲み会の計算？」と思った人もいるだろうが、幹事たるもの、参加者から集められる「収入」と、店への支払やプレゼント代などの「費用」を比較して、「収入∨費用」となることを必ず確認しているはずだ。そうならない場合には、収入における「人数×単価」の「単価」を上げるべく会費を上げたり、上司からのカンパを募ったり、また、費用における「人数×単価」の単価を下げるべくコースの見直しをしたり、はたまた前回の飲み会からの繰越金があればそれを使ったり……、といろいろなシミュレーションをしているに違いない。収入や費用にきちんと「前提条件」を置いてシミュレーションしているという意味で、飲み会の計算も、事業計画の要素を備えている。

「事業計画をどう作るか？」の作業的な話は次節で取り上げるが、わかるようでわからない事業計画というものの「イメージ」をつかみやすくするために、まずは事業計画策定における「あるある」を幅広く散りばめた以下の事例を読んでいただきたい。

X社の残念な事業計画事例（新規事業プロジェクト）

《X社概要》
大手食品メーカーのX社は、ロングセラーのインスタント食品が収益の柱であり、知らない人はいないほど有名な会社である。また、業界平均と比較して、給与水準も高いため、就職先、転職先としても人気がある。
しかしながら、近年の健康志向やPB商品の台頭と相まって、売上はじりじりと下落傾向にある。また、アジアを中心とした海外売上も増えてきてはいるが、生産・販売ルートともに、競合他社に対して、とくに優れた点もなく、目立った特徴がない。
IR（投資家向けの情報）で発表できるような新しいニュースもなく、HPのニュース欄も、決算発表と、新しい味のインスタント食品発売の告知が、定期的に並んでいるだけである。そのため、あちこちのステークホルダーから、「X社さんは何か新しいことをしないんですか?」と言われているような状況にある。

毎年5月の決算説明会を終えたばかりのI社長（オーナー）は、「次の年度決算説明会では、新規事業らしきものを入れないといけないなぁ」「父親の代から何も変わっていないと言われて、悔しいなぁ」と、社長室から見える爽やかな初夏の風景を眺めながら、ぼんやり考えていた。

【新規事業担当部署の新設検討】——2014年5月

「『新規事業始めました』と言いたい！」

そう思ったI社長は、経営企画担当役員のS常務を部屋に呼び、自分の心の内を打ち明けた。

S常務「そうですねぇ。我が社は安定志向の人間が多いですから、うまくいくかわかりませんけどねぇ」

Ｉ社長「でも、入社3年目の若手社員たちと先週ランチに行ったときは、『安定していて、やりがいがあって、成長が感じられて、しかも社会にインパクトを与えられる仕事をしたい』と言っていたぞ。新規事業は、まさにぴったりなんじゃないか？」
Ｓ常務「そんな都合のいい仕事があったら私がやりたいですが、それはさておき、じゃあ若手を中心に組織を作って検討してみましょうか？　あ、でも、若手だけでは経験不足でしょうから、中堅社員を入れたほうがいいですね」
Ｉ社長「そうだな。ちなみに、どういう経験がある中堅を入れるといいんだ？」
Ｓ常務「そ、そ、そうですね。新規事業にはどういう経験が活きるんですかね。とりあえず我が社のことを深く知っていそうなメンバーを入れる方向で考えておきます」
Ｉ社長「頼んだぞ」

［なかなかできない新規事業担当部署］――２０１４年８月

Ｉ社長「Ｓ常務、お盆休みももう過ぎたが、新規事業の件はどうなったんだ？」
Ｓ常務「はっ。株主総会までバタバタしていまして、その後もいろいろとありまして、まだ鋭意検討中です」

I社長「来月には人事発令を出せるように準備してほしいのだが」
S常務「はい、わかりました。ただ、みな現業が忙しく、部門長もなかなかメンバーを離してくれないため、説得に苦労するかもしれません。その場合には、ぜひ社長のお力添えをお願いします」

➡「現業が忙しい」「人がいない」は決まり文句としてよく耳にする。しかし、少人数のベンチャーならそういった事情もあるかもしれないが、少し前に某社が本社人員の半減を実行できたことからもわかるとおり、「大きな会社で数人を捻出できない＝本気で探していない」というのが実態であろう。

［担当メンバー、ようやく集まる］――2014年9月

S常務「先日の新規事業の件ですが、5名のメンバーを何とか集めました。うち2名は兼務ですが。専任は商品企画部のAさん（入社20年目・男性）、営業管理部のBさん（入社10年目・女性）、財務部のCさん（入社5年目・男性）になります。Dさん（経営企画部・入社12年目・男性）、Eさん（商品企画部・入社7年目・女性）にも、可能な限り活動してもらいたいと思っています」
I社長「なるほど、ご苦労。部署名はどうするかね」
S常務「そこは社長にぜひ決めていただければと」
I社長「そうだなぁ。オリンピックを意識したプロジェクト名をつけたという話をよく聞いたりするが、そんなに長期の話でもないし。何かかっこいい名前をつけたいが、無難に『新規事業推進室』あたりにしておくかな。次回経営会議の報告事項に入れておいてもらえるかな。10月1日付で組織図にも加えておいてほしい」
S常務「はい、承知致しました」

➡新規事業プロジェクト名や中期経営計画に「2020」の数字を入れるケースは、たしかに流行っている。また、I社長は無難なネーミングを選んだものの、「イノベーション」「革新」「創造」「未来」というような単語を、部署名、プロジェクト名に含めるケースもよく見られる。

［新規事業推進室の立ち上げ］――2014年10月

Aさん「何だかよくわからない異動をさせられてしまったな。社長からは実験的にどんなことにもチャレンジしてほしいと言われたけど、正直どうしていいのやら」

Cさん「でも、社長直下の組織って、すごいんじゃないですか？」

Aさん「それは、何とも言えないな。栄転なのか、左遷なのか。昨日飲み屋で、学生時代の友人に異動の話をちょっとしたんだけど、『あぁ、そういう新規事業担当の部門、うちの会社でも昔あったなぁ。どうなったのかわからないけど』って言われて、不安が増したよ」

Bさん「とりあえず、私たちは何をしたらいいですかね？」

Aさん「どういう新規事業をやるかをまず考えないとね。じゃあ、そのディスカッションをするか」

Bさん「食品会社って、化粧品とかよくやりますよね。それなら楽しいかも」

Cさん「うちの会社って、化粧品のイメージとかありますかね？　顔に塗るイメージをまったくできないですが……」

Bさん「ダメかなぁ。あとはサプリとか？」
Aさん「健康は最近流行りだからいいんじゃないか？」
Cさん「スマホで何かできるサービスとかどうですかね。食に関するアプリとか最近多いし」
Bさん「それ、漠然としすぎてない？」

こうした発散的なディスカッションで盛り上がること1時間半。結局結論は出ず、本日不参加の兼務メンバーDさん、Eさんも含めて、各自検討のうえ、来週改めて打ち合わせをすることになった。

そして翌週の打ち合わせで、以下の2事業をターゲットにすることを決め、来月、社長にその報告をすることとなった。

①化粧品事業（Bさん、Eさん発案）
②インスタント食品の情報・投稿サイト（Cさん、Dさん発案）

[ターゲットについての社長報告]――２０１４年11月

Aさん「社長、本日は新規事業推進室として取り組みたい新規事業のアイディアについてご報告させていただきます。それでは、まずBさんお願いします」

Bさん「まず1つ目として、化粧品事業への参入を検討したいと思います。ターゲットは、30代のキャリア女性です。今までにない素敵なものを作りたいと思います！」

I社長「なるほど。たしかに異業種参入もよく取り上げられている業界だね」

Bさん「中身にこだわったスペシャルな製品を作りたいんですよね。究極の美容液とか」

I社長「な、なるほど。究極の美容液というのは、1本いくらくらいするのかね？」

Bさん「1万5000円くらいですかね。でも、これくらい普通ですよ」

I社長「Eさんも使うのかな？」

Eさん「私は3000円、4000円くらいのもっとベーシックなものがいいと思うんですけど」

Bさん「それだと、その他大勢に埋もれちゃうよ」

Eさん「でも、そういうもののほうが売れてるじゃないですか」

（その後、化粧品に対する価値観をめぐったBさん、Eさんのバトルが続く）

I社長「わかった、わかった。どちらでもいいから、もう少しよく考えてくれ。Aさん、ちゃんとチームをまとめてくれよ」

Aさん「自分、化粧品とか全然わからないので……。でも、わかりました。それでは、次のアイディアについて、Dさんお願いします」

⬇「自分はよくわからないので」という言い訳をする人がよくいるが、よくわからないのであれば、リーダーをやめるべきである。「男性だから化粧品がわからない」などということを言い出したら、「男性のサービスは男性しか考えられない」「女性のサービスは女性しか考えられない」「日本人が使うサービスは日本人しか考えられない」……ということになってしまう。必要なのは、わかるための努力をすることであって、「使わない＝わからない」で済ませてはいけない。

Dさん「はい、わかりました。2つ目として、インスタント食品の情報・投稿サイトを考えています。インスタント食品はまさに我が社の得意分野のど真ん中ですし、スマホでお客様とつながるためのツールにもなると思いますし、シナジーも期待できます」
I社長「シナジーとは、たとえばどういうものかな?」
Dさん「あ、え、それはですね、まぁ新製品情報を流したりとか……」
I社長「そのあたりもよく考えてくれたまえ。大きな方向性はわかったから、もう少し具体的な内容を次回は報告してほしい。この2つはこの2つでいいんだが、あっと驚く、もっとピリッとしたものはないかねぇ」

➡「目からウロコ」のアイディアを求める声はよくあるが、パッと思いつく「目からウロコ」などあるわけない。将来にわたる、外部・内部環境の見極め、課題解決の必要性や代替手段での解決余地、自社リソース（金銭、人員）や競合状況など、幅広く検討のうえ、決めたことに、本気で取り組んでこそ、運も味方につけて、成功可能性が高まるのである。そんな簡単に「あっと驚く、もっとピリっとしたもの」は生まれないのが常であろう。一方、考えすぎて先に動けず、機を逸するというパターンもあるため、バランスを取ることが重要と言える。

【2回目の社長報告】――２０１５年１月

前回報告から2カ月が経過。兼務だったDさん、Eさんはほぼフェードアウト状態ながら、本日の報告の場には参加している。

Aさん「前回報告から間が空いてしまって、すみません。進捗状況についてご報告をさせていただきます」

I社長「結構時間が空いてしまったのは、何でかね？」

Aさん「私たち自身、新規事業というものに慣れていないため、前回のご報告以降、他社の新規事業担当者やベンチャー企業などにいろいろ話を聞いたのですが、なかなかよいインスピレーションにはつながらなくて……。そういった経緯もありまして、時間がかかってしまいました。それではまず、化粧品事業について、Bさんお願いします」

➡何でもかんでも「お話を聞かせてください」「教えてください」と話を聞きに行こうとする人たちがいるが、明確な課題意識なしに話を聞いたところで得られるものはない。むしろ相手に「この人たちダメだな」とバカにされてしまうのがオチであり、また、勉強不足のまま相手に話を聞きに行くのは失礼にあたる。さらに、I社長、S常務、Aさんのいずれも、期限を決めずに物事を進めているが、期限を決めない物事は永遠に終わらない可能性が高いため、必ず期限を決めることが必要である。夏休みの宿題も、「夏休みが終わるまで」という期限があるからこそ皆やるのであって、大事なことはすべて小学校で教わっているのだ。

Bさん「今回は、具体的な商品イメージについて、ご報告したいと思います。我が社の研究センターで研究を進めている『○△×酸』ですが、化粧品にも使える可能性があるため、これを使ったベースメークのラインを一通り揃えたいと思っています」

（以降、Bさんの「製品のキャッチコピー」「コンセプト」「ペルソナとなる女性像」について説明が続く）

Ｉ社長「なるほど。女性はたくさん塗って大変だねぇ。ちなみに、どれくらい売れるんだい？」
Ｂさん「あ、いや、コンセプト固めにまずは注力していたので、そのあたりはまだきちんと計算できていませんが、よい商品であれば売れると思うんです。化粧品の市場規模は大きいですし」
Ｉ社長「でも、これを買える女性は限られるんじゃないかね？　かなり高いよ」
Ｂさん「私の周りの友人は、買ってくれると思います」

➡toCの新規事業検討において陥りがちなのは、自分基準でユーザー像を考えてしまうということである。常にtoCの新規事業を考え続けている会社からすると、「え、そんなバカなことが……」と思うかもしれないが、現実にそうした事例は頻発している。また、「いくら売上・利益が上がるのか？」は必ず答えるべき質問である。もちろん売上・利益の試算に必要なレベルでのコンセプトは必要であるが、その詳細化は売上・利益の試算後にやるべき内容である。どう考えても儲からない新規事業は立ち上げられるわけもなく、その場合、コンセプトの詳細化は不要なステップとなってしまう。

I社長「でも、ちゃんと数字で説明してもらわないと、本当に立ち上げていいかどうか、判断はできないよ。そういえば、3000円〜4000円の価格帯で展開するという案ではなく、こちらになったのはどういう経緯かな。中価格帯のほうが市場規模も大きいんじゃない？」

Bさん「いえ、この案しか検討していません。Dさんは、前回ご報告の後、こちらの業務にはほとんど携わっていないので」

I社長「複数案と比較して、この案がいいという説明じゃないと困るなぁ」

➡すべての可能性を事細かに調べる必要はもちろんないが、業界の概観（市場規模、競合、サプライチェーン、参入障壁、スイッチングコストなど）を押さえたうえで、なぜこのターゲット・商品なのかがわからなければ、提案されているものの「善し悪し」は判断できない。また、Dさんが専任であれば、もう1つの案も検討された可能性がある。中途半端な兼務は何の成果も生まないため、兼務で人数を稼ぐという方針は避けるべきと言える。

Ｉ社長「あと、これは、海外展開はどう考えているのかな？」
Ｂさん「日本人の肌と近いアジア人に向けて、中国・台湾だけでなく、成長著しい東南アジアもターゲットにしたいと考えています」
Ｉ社長「この価格で買える人はいるのかなぁ……。他の会社はうまく参入できてるの？」
Ｂさん「そこはまだ調査中です」
⬇一時期ほどではないが、「成長著しい東南アジア」というのはよく聞くキーワードである。たしかに成長は著しく人口も多いものの、所得水準を考慮すると、近い将来の市場規模は非常に小さい。ショーウィンドウ的な意味合いも含めて進出する意味はあるかもしれないが、化粧品事業の売上・利益の源泉としては期待できないと考えられる。
Ｉ社長「あと、これ、設備投資どれくらいかかるの？　在庫も持つんだよね？」
Ｂさん「……」

I社長「そのあたりも次回教えてよ」
Bさん「はい、わかりました」

➡意思決定にあたっては、初期に必要な現預金を把握するうえで、設備投資や在庫といったBS（Balance sheet：貸借対照表）関連の情報も必要となるが、Bさんの理解はそこまで及んでいない可能性が高い（なお、BSについては、次節で取り上げるが、BSについてあまりイメージが湧かない読者の方は、ここではとりあえず、売上・利益といったフローとは異なる観点も必要なのだと思っていただければ十分である）。

さらに、I社長はとくに言っていないものの、Bさんが確かめるべきこととして、新規事業として、どれくらいの規模感をI社長が想像しているのか、というポイントがあると考えられる。売上50億円を超えるレベルにまでいかないといけないのか、もっと小さくても利益がきっちり出て回っていればいいのか、投資採算をどれくらいの水準で求めているのかのイメージを握っておかないと、せっかく事業計画を作っても、空振りのプレゼンに終わってしまう可能性がある。

Ａさん「それでは、もう1つの『インスタント食品の情報・投稿サイト』検討状況について、ご説明させていただきます。Ｃさん、お願いします」

Ｃさん「こちらの事業については、収支計算をしてきましたので、それについてご説明させていただきます」

（以降、売上の行から、1つずつ細かい説明が続く。途中でＩ社長が遮る）

Ｉ社長「細かく見積もったのはわかったから、『要は』っていうポイントを教えてもらいたいんだが。あまり細かいことを言われてもわからんよ」

Ｃさん「3年後に100万人のユーザーを獲得して、広告モデルで高い利益を出すという計画です」

Ｉ社長「どうやって100万人もユーザー集めるの？　広告モデルっていうけど、ＰＶはどれくらいで見てるんだ？」

Ｃさん「我が社の商品を買ってくれるお客さんだけでも相当数いますし、広告売上については、〈ユーザー数×ＡＲＰＵ（ユーザー1人当たりの平均売上金額）〉で計算しているので、ＰＶはこの計画上ではわかりません」
Ｉ社長「商品を買ったからといって、このサイトを登録するとは限らないんじゃないかなぁ……。それに、アクティブなユーザーでなければ広告売上につながらないんだから、ＰＶ的な発想がないと計算になっていないんじゃないの？」
Cさん「……。あ、はい」
Ｉ社長「ちなみに、３年後のユーザー数が30万人だったらどういう数字になるの？」
Cさん「それは、30万人のケースで改めて計算してみないとわからないです」
Ｉ社長「うーん、いろいろなシミュレーションケースを見たいんだけど。そもそもこれって、新規事業と言えるのかなぁ？　どの辺が新しいんだろう……」

➡ユーザーの使いたい動機がなければ、本サイトのアクティブユーザーとはなりえないわけであり、「なぜ」「どういう人が」使うのかというコンセプトが不足したまま、数値だけが積み上げられている「リアリティ不足」の検討と言える。
　また、一生懸命積み上げてはいるものの、「ユーザー数が変わったら？」「ＰＶが変わったら？」というシミュレーション発想がないため、「他のケースが見たい」というオーダーに耐えられない残念なエクセル（Ｅｘｃｅｌ）ファイルとなっているものと思われる。

Ｉ社長「Ａさんさぁ、次回はもうちょっと内容を詰めてきてほしいなぁ。頼むよ」
Ａさん「はい、承知致しました」

➡本事例の一番の問題点は、リーダーであるＡさんが「どんな仕事をしているのか」がまったく見えないこととも言える。Ｂさん、Ｃさんとともに検討すべきポイントを整理し、スケジュール管理を行なう役割を担うことが必要であるにもかかわらず、そうした形跡は見当たらない。このように、最終資料のホッチキス止めだけが仕事になっているリーダーをたまに見かけるが、プロジェクトに何の貢献もしないおそれがある場合は、交代の検討が必要かもしれない。

【Ｘ社決算説明会にて】――２０１５年５月

Ｉ社長「新規事業の開発を目的とした『新規事業推進室』を立ち上げまして、現在その事業開発を推し進めており……」

残念ながら、5月の決算説明会までに2つの事業の立ち上げは決まらなかったようであるが、コメント（⬇部分）で述べたポイントをクリアできれば、新規事業を立ち上げないという意思決定も含めて、何らかの前進が期待できる。訳がわからないままに立ち消えになったという結論にはならないことを祈るのみである。

IGPI流チェックポイント 1

「目からウロコ」の新規事業が、夢のように浮かび上がることはない。かっこよさを求めず、地道かつ本気で作業する覚悟を決めたうえで、検討期限を設けたリアリティチェックをチーム一丸となって行なうことが必要である。

2　事業計画のアウトライン

「数字」で語るもの

前節では、事業計画というものを身近にイメージしてもらうべく、ややキャッチーなX社の事例を取り上げたが、一般的に事業計画はその作成目的などに応じて、「中期経営計画（中計）」「5カ年計画」「Action・2020（近年は、東京オリンピックを意識した2020年を取り入れた名称が多く見られる）」などのさまざまな名称で呼ばれている。本書をお読みの大半の方も、聞いたことがあったり、携わったりしたことがあるのではないかと思う。

ところで、もし「事業計画って何ですか？」と質問された場合、読者の方々ははたしてどのように回答するであろうか。

こうした質問に対する回答として、「将来の売上や利益を予想するもの」「その会社・事業が将来どう成長するかを描いたもの」といったような内容が、筆者の経験上は多く聞かれるような気がする。

これらの回答は間違ってはいないが、大前提として、まず忘れないでもらいたいのは、事業計画は「数字」を根拠に作られるものである、ということである。

たとえば「A製品で売上を伸ばし、増収増益を狙う」という場合、これだけでは事業計画とは言えず（「伸ばす」も、「増収増益を狙う」も、それだけでは数字感がない）、「A製品をどれだけ売って、対応するコストがいくらだから、利益はいくら、ゆえに増収増益」というところまで数字をもって説明できて初めて、事業計画と言えるのだ。

前節のX社事例で言えば、Bさんのプレゼンした化粧品事業は、「数字」になっておらず、いくらその化粧品の成長をコンセプトベースで熱く語ったとしても、事業計画とは言えないのである。

次に、「数字」を使って「何」を作ればいいのか、という話であるが、事業計画を構成するものとして、「売上」や「利益」といった単語はよく聞くものの、はたしてそれだけで会社や事業の将来は描けるのであろうか。

答えはノーである。売上や利益は会社にとってある一定期間の「フロー」（たとえば、2

014年4月1日から2015年3月31日の1年間で、売上や利益はどれだけだったか）を示すものだ。こうしたフローだけについつい目が行きがちだが、フローだけが会社や事業の将来を決めるのであれば、一時期巨額の赤字で新聞を賑わせていた日本の総合電機メーカーは、すべてなくなっていただろう。

つまり、会社には、「フロー」以外の視点が存在するということであり、それが「ストック」の視点である（たとえば、2015年3月31日時点で、どんな資産や負債を保有しているか）。

個人にたとえるとすると、毎年いくらの所得があるかという「フロー」だけでは、個人の財務状況は語れず、どれだけ貯金・借金を持っているかという「ストック」も踏まえないと、正しい議論ができないということと同じだろう。

会社には、現預金、販売前の棚卸資産（在庫）、設備投資した固定資産（工場、本社他）、金融機関からの借入金など、多くの種類のストックが存在する。巨額の赤字を続けても会社がなくならないのは、過去の蓄積や新規借入などによって、現預金が十分あるからだ。

逆に利益が出ていたとしても、在庫が膨れてしまったり（在庫を作ったコストに対応する支払は発生するものの、在庫は売れるまで入金につながらず、たくさん抱えることは現預金不足を招く）、巨額の先行設備投資に紐づく借入金が返済できなかったり、といった理由で、ピンチに陥る企業もあるのだ。「黒字倒産」という言葉を聞いたことがある人も多いと思うが、まさにフローがよくても、ストックがダメという理由で、それは起きる。

つまり、会社や事業の将来を適切に描くためには、単に「フロー」だけを考えるのではなく「フロー」と「ストック」を合わせて考えるということが大変重要になる。

以上をまとめると、事業計画は、「数字」を根拠に会社や事業の将来を語るものであり、「フロー」と「ストック」の両方を押さえることが必要ということが言える。

求められる「簿記」の発想

前項では「フロー」「ストック」という漠然とした言い方をしたが、フローもストックもその記録ルールには明確なものが存在するため、本項ではその内容について取り上げたい。

最初に結論から言うと、フローは「損益計算書（PL：Profit and Loss）」「キャッシュ・フロー計算書（CS：Cash flow Statement）」という形で示され、ストックは「貸借対照表（BS：Balance Sheet）」という形で示されることになる。

《事業計画において、「フロー」と「ストック」を示すツール》

フロー：損益計算書（ＰＬ）、キャッシュ・フロー計算書（ＣＳ）
ストック：貸借対照表（ＢＳ）

どんな会社にも毎期の実績を示す決算書は存在しており、上場企業であれば開示されているが、すべての会社が複式簿記の考え方に基づいたＰＬ、ＢＳ、ＣＳの形で作成を行なっている。将来を示す事業計画についても、当然実績と同じルールで作成されることになるわけで、ＰＬ、ＢＳ、ＣＳの仕組みを知らなければ、事業計画は作成できないということが言えよう。

つまりは「簿記を知らないと事業計画は作成できない」ということであり、「昔、授業でやったけど、思い出せない……」という人は、それを少し思い出してもらう必要がある。

なお、「簿記を知っている」の意味としては、試験に受かっているかどうかという話ではなく、簿記の発想が頭の中にきちんとあり、「頭の中で簿記の仕訳をイメージすることができるかどうか」と捉えてもらうのがいい。「簿記って作業じゃないの?」と言う人も多いが、簿記の発想を頭にきちんと描けることは、一種の教養であり、簿記の歴史は戦略論よりもはるかに長いことを忘れてはならない。

もちろん、「簿記だけわかっていれば、事業計画を作成できる」という簡単な話でもないが(たとえば、監査業務の経験しかない若手会計士が、すぐに事業計画を作れるかといったら、筆者の経験上100%作れない)、わかっていないことには、いつまでたっても作成できるようにはならないだろう。

作成ポイントはこのあと取り上げるが、売上や販管費(費用のうち販売活動や企業運営に関する費用。たとえば営業・管理部門人件費、広告宣伝費、研究開発費)の作成ポイントは、簿記の知識がなくても理解しやすい。一方で、BSの在庫勘定との調整が必要になる売上原価(売上に直接紐づく費用。たとえば材料費・直接人件費・商品仕入等)やBS・CSに関する作成ポイントは、簿記の知識なしにはまったく理解できないと思われれる。

少し話がそれるが、近年よく取り上げられるM&Aにおける「のれん」の議論も、BSの仕組みが頭にぱっと浮かばない人には、本来正しく理解できないはずである。議論している人のうち、内容を正しく理解している人はどのくらいいるのだろうか、と思わざるをえないが、簿記の発想はあらゆる経営数値を理解するうえでの根幹になるもので、わかって損をすることは1つもない。

もし皆さんが、事業計画を作る・レビューする立場になった際には、ぜひ「自分は簿記を知っているか」と自問していただき、自信がない方は学生時代を思い返して少し復習していただきたい。本書をこのあと読み進めていただくためにも、次項において、PL、BS、CSの簡単な紹介を行ないたい。

財務三表（PL、BS、CS）をおさらいする

損益計算書（PL）、貸借対照表（BS）、キャッシュ・フロー計算書（CS）は、相互につながっており、3つはまとめて財務三表と呼ばれる。

PLは、3つの中では最も多くの人になじみがあるものと思われ、売上高に始まり、売上原価や販管費などの費用を差し引いて利益を表示している。一定期間の企業活動の成果であるフローを示しているため、「2014年4月1日から2015年3月31日」のように対応期間が設定される。

製造業の場合、前述のとおり、売上原価の算定にあたって、BSの棚卸資産（在庫）との調整が発生するため、少し難しくなるが、それを除けば、PLはどんな人にもわかりやすい。なお、儲けの最終結果である当期純利益は、BSの利益剰余金という科目となってストックされていくことになる。

売上高はその名のとおりであるので説明を省くが、それ以外のPL各項目の簡単な解説は、以下のとおりである。

＊売上原価：売上に直接紐づく費用（材料費、工場等で発生する直接人件費・直接経費、外注加工費、商品仕入等）
＊販管費：販売活動や企業運営に関する費用（営業・管理部門人件費・経費、広告宣伝費、研究開発費等）
＊営業外収益・費用：営業活動に関係しない収益・費用（受取・支払利息等）
＊特別利益・損失：臨時的な収益・費用（株式売却損益、事業撤退損失等）

なお、「変動費」「固定費」という区分を耳にすることがあるかもしれないが、これは項

図表1　財務三表

損益計算書（PL）

どれだけ儲かったかという、1年間の企業活動の結果（フロー）を示すもの

売上高	xxx	
売上原価	xxx	
売上総利益		……
販売費及び一般管理費	xxx	
営業利益		……
営業外収益	xxx	
営業外費用	xxx	
経常利益		……
特別利益	xxx	
特別損失	xxx	
税引前当期純利益		……
法人税等	xxx	
当期純利益		……

儲けの結果は、利益剰余金としてストックされる

貸借対照表（BS）

ある時点における。企業活動の結果として蓄積された資産や負債の状況（ストック）を示すもの

流動資産　……	流動負債　……
現金預金	仕入債務
売上債権	未払金・費用
棚卸資産	短期借入金
その他	その他
固定資産　……	固定負債　……
（有形固定資産）	長期借入金
建物	その他
機械設備	負債合計　……
土地　など	
（無形固定資産）	
ソフトウェア	純資産　……
のれん　など	資本金等
（投資等）	利益剰余金
投資有価証券	
その他　など	
資産合計　……	負債・純資産合計

キャッシュ・フロー計算書（CS）

1年間の現金預金増減について、営業・投資・財務のいずれで獲得・使用したか（フロー）を示したもの

営業キャッシュ・フロー	xxx
税引前当期純利益	……
売上債権増減	……
棚卸資産増減	……
仕入債務増減	……
税金支払	……
その他	……
投資キャッシュ・フロー	xxx
固定資産の取得	……
投資有価証券の取得	……
その他	……
財務キャッシュ・フロー	xxx
借入金の増減	……
株式の発行	……
その他	……
現預金の増減	xxx
現預金の期首残高	xxx
現預金の期末残高	xxx

目として存在しているわけではなく、売上原価のうち変動費（例：生産高に応じて変動する材料費）と固定費（例：生産高によらず一定の工場の賃借料）、販管費のうち変動費（例：配送量に応じて変動する配送費）と固定費（例：管理部門の人件費）というような使い方になる。

　次にBSだが、創業以来の会社の企業活動の結果として蓄積された資産や負債などの状況（ストック）を表している。「2015年3月31日現在」というように一定時点をもって作成されることとなる。借方（左側）には資産、貸方（右側）には負債と純資産が計上され、借方と貸方は常に一致する。

　また、資産項目は、現金化しやすいものほ

ど上に表示され、負債項目は、支払が近いものほど上に表示される。

最後にCSだが、会社の命綱とも言える現預金について、営業・投資・財務のいずれの活動で獲得・使用したかを示すフローの情報である。「2014年4月1日から2015年3月31日」のようにPLと同じ対応期間が設定される。

各キャッシュ・フローの簡単な解説は、次のとおりである。

＊営業キャッシュ・フロー：営業損益計算の対象となる取引、及び投資活動及び財務活動以外の取引によるキャッシュ・フロー（単純に言うと、投資・財務以外のキャッシュ・フロー）

＊投資キャッシュ・フロー：固定資産の取得及び売却、有価証券の取得及び売却などの投資活動に関係するキャッシュ・フロー

＊財務キャッシュ・フロー：資金の調達及び返済などの財務活動に関係するキャッシュ・フロー

現預金が増えていると思っても、本業での稼ぎに基づくものではなく、単純に借入が増

えただけであったり、売上も利益も増えたと思っていても、売上増加に伴って売掛金や在庫も大幅に増えている影響で営業キャッシュ・フローの増加は少なかったり、といった情報をCSでは一覧することができる。

実績も将来も四則演算の積み重ね

実績として開示される財務三表は、「売上高100」「棚卸資産30」というようにたった1行で表示されているが、その数値は、決算日に突然表れるものではなく、「1月20日に製品A・10セットを10万円で販売」というようなフローや、「決算日に製品Aの在庫が1000セットあって、評価単価は7万円」というようなストックの積み重ねである。言い換えれば、四則演算（主に乗算と和算）の積み重ねと言うことができるだろう。

未来版の財務三表である事業計画も、同じく四則演算の積み重ねによって算出されるべきであり、適切なブレークダウン方針（例：人件費は「総人数×総平均人件費」のブレークダウンで足りるか、それとも世代別や職種別までの分解が必要か）、及び予測値をどう設定できるか（例：将来の人数、人件費をどの水準でセットするか）がカギになると考えられる。

頭の体操をしてみよう（財務三表をつなげる）

ここまで「簿記だ」「数字だ」「四則演算だ」と言ってきたが、具体的事例がないとイメージしにくいかもしれない。

そこで、本項においては、財務三表をつなげるという具体的事例について説明したい。なお、本事例は、「財務三表のつながり」を体感していただくことが一番の目的のため、リアリティの観点は無視していることをご了承いただきたい。

《前提条件》

海外のインテリア雑貨が大好きな花子さんは、とくにお気に入りの「ランプ」を輸入して販売するビジネスを起こすことにした。

1年目の仮定

ｉ：販売単価は1万5０００円で、毎月２５０個が売れる

ii：仕入単価は１００USドル。今月販売分は前月に２５０個仕入れることとする。１

ドル＝１００円と見込む

iii：販売にかかるコストは、人件費が８００万円／年、配送料は1個につき５００円、その他経費が３００万円／年発生する

iv：オフィスの造作などで１００万円の設備投資コストがかかる。５年間で償却する

ｖ：売掛金（ランプの販売代金）はすべて1カ月後にカード会社から入金され、買掛金（ランプの仕入代金）は翌月末に支払い、その他販売にかかるコストも翌月末に支払う

vi：税率は40％

vii：開業資金は花子さんの父親が３００万円を準備。対価として、株式を発行した

上記前提のもと、作成される1年目の予想財務三表は図表2のようになる。

花子さんの会社の1年目は無事１３８万円の当期純利益が計上される見込みであり、ＰＬだけを見ると心配がないようにも見える。ただし、ＢＳを見ると現金預金は開業資金３００万円よりも減少している。

＊まだ回収されていない売掛金（ＰＬの利益は構成しているものの、入金はされていない）
＊販売前の棚卸資産（支払はやってくるものの、売らないことには回収されない）
＊長期間にわたって使用する固定資産（支払は購入時に全額）

この3つが、これらの逆に当たる負債や利益剰余金の金額よりも大きいため、手元の現金預金が減少していることを示している。またこの状況は、ＣＳを見ると非常にわかりやすい。

このように、財務三表を作ることで、ＰＬだけでは気づかないポイントもわかりやすく示される。本事例のような極めて単純なケースでも気づきがあることを考えると、通常の会社や事業で財務三表を作成することの重要性は言わずもがなである。

なお、1年目を所与とした花子さんの会社に、以下のような2年目の前提条件を置くと、さらに財務三表の続きが作成できる。

図表2　1年目の予想財務三表

損益計算書(PL) [単位:円]

売上高A	45,000,000	=15,000円×3,000個
売上原価B	30,000,000	
(期首在庫)	0	1年目なのでなし
(当期仕入)	32,500,000	=100ドル×100円×250個×13カ月(今期販売分+来期初月分)
(期末在庫)	▲2,500,000	=100ドル×100円×250個(来期初月分をBSへ振り替え)
売上総利益C	15,000,000	A−B
販管費D	12,700,000	
(人件費)	8,000,000	
(配送料)	1,500,000	=500円×3,000個
(減価償却費)	200,000	=1,000,000円÷5年
(その他)	3,000,000	
営業利益E	2,300,000	C−D
法人税等	920,000	=E×40%
当期純利益	1,380,000	

貸借対照表(BS) [単位:円]

	現金預金	1,791,667	買掛金	2,500,000	仕入高の1カ月分(100ドル×100円×250個)
売上高の1カ月分(15,000円×250個)	売掛金	3,750,000	未払費用	1,041,667	販管費(減価償却費以外)の1カ月分
翌月販売分(100ドル×100円×250個)	棚卸資産	2,500,000	未払法人税	920,000	1期目なので全額未払を想定
投資額1,000,000円−償却費200,000円	有形固定資産	800,000	資本金	3,000,000	花子さんの父親への株式発行
			利益剰余金	1,380,000	当期純利益
	資産	8,841,667	負債・純資産	8,841,667	

キャッシュ・フロー計算書(CS) [単位:円]

税引前当期純利益	2,300,000	本事例では営業利益とイコール
減価償却費	200,000	当期償却費
売掛金の増減	▲3,750,000	=−(期末売掛金残高3,750,000円−0〈1年目であり期首残高なし〉)
棚卸資産の増減	▲2,500,000	=−(期末棚卸資産残高2,500,000円−0〈1年目であり期首残高なし〉)
買掛金の増減	2,500,000	=期末買掛金残高2,500,000円−0(1年目であり期首残高なし)
未払費用の増減	1,041,667	=期末未払費用残高1,041,667円−0(1年目であり期首残高なし)
(小計)	▲208,333	
法人税の支払	0	=期末未払法人税残高−0(1年目であり期首残高なし)−PL法人税等
営業CF	▲208,333	
固定資産の取得	▲1,000,000	当期設備投資金額
投資CF	▲1,000,000	
株式の発行	3,000,000	当期調達金額
財務CF	3,000,000	
現金預金の増減	1,791,667	
期首現金預金残高	0	
期末現金預金残高	1,791,667	

２年目の仮定

ｉ：販売単価は1万５０００円で、毎月２５０個が売れる（1年目と変更なし）

ii：仕入単価は１００ＵＳドル。ドル高が心配なため、期末在庫は１２５０個（５カ月分）まで買い溜めることとする。１ドル＝１００円と見込む

iii：販売にかかるコストは、人件費が８００万円／年、配送料は1個につき５００円、その他経費が３００万円／年発生する（1年目と変更なし）

iv：追加の設備投資はなし

ｖ：売掛金（ランプの販売代金）はすべて1カ月後にカード会社から入金され、買掛金（ランプの仕入代金）は翌月末に支払い、その他販売にかかるコストも翌月末に支払う（1年目と変更なし）

vi：税率は40％（1年目と変更なし）

vii：追加の資金調達は行なわない

1年目と販売個数・単価、仕入単価、販管費も変わらないため、利益ベースでは1年目

図表3 2年目の予想財務三表

損益計算書(PL) [単位:円]

売上高A	45,000,000	=15,000円×3,000個
売上原価B	30,000,000	
(期首在庫)	2,500,000	前期末在庫の繰越
(当期仕入)	40,000,000	=100ドル×100円×250個×16カ月(今期販売の11カ月分〈1カ月分は前期仕入済〉+5カ月分)
(期末在庫)	▲12,500,000	=100ドル×100円×250個×5カ月分(未販売分をBSへ振り替え)
売上総利益C	15,000,000	A−B
販管費D	12,700,000	
(人件費)	8,000,000	
(配送料)	1,500,000	=500円×3,000個
(減価償却費)	200,000	=1,000,000円÷5年
(その他)	3,000,000	
営業利益E	2,300,000	C−D
法人税等	920,000	=E×40%
当期純利益	1,380,000	

貸借対照表(BS) [単位:円]

	現金預金	▲6,255,000	買掛金	3,333,333	仕入高の1カ月分(100ドル×100円×333個)(当期仕入4,000個を平均的に仕入れたと想定)
売上高の1カ月分(15,000円×250個)	売掛金	3,750,000	未払費用	1,041,667	販管費(減価償却費以外)の1カ月分
未販売分(100ドル×100円×1,250個)	棚卸資産	12,500,000	未払法人税	460,000	当期法人税等−中間納付分(前期実績の半分)
	有形固定資産	600,000	資本金	3,000,000	
			利益剰余金	2,760,000	前期末利益剰余金+当期純利益
	資産	10,595,000	負債・純資産	10,595,000	

キャッシュ・フロー計算書(CS) [単位:円]

税引前当期純利益	2,300,000	本事例では営業利益とイコール
減価償却費	200,000	当期償却費
売掛金の増減	0	=−(期末売掛金残高3,750,000円−期首売掛金残高3,750,000円)
棚卸資産の増減	▲10,000,000	=−(期末棚卸資産残高12,500,000円−期首棚卸資産残高2,500,000円)
買掛金の増減	833,333	=期末買掛金残高3,333,333円−期首買掛金残高2,500,000円
未払費用の増減	0	=期末未払費用残高1,041,667円−期首未払費用残高1,041,667円
(小計)	▲6,666,667	
法人税の支払	▲1,380,000	=期末未払法人税残高−期首未払法人税残高−PL法人税等
営業CF	▲8,046,667	
固定資産の取得	0	当期設備投資金額
投資CF	0	
株式の発行	0	当期調達金額
借入金の増減	0	当期調達金額
財務CF	0	
現金預金の増減	▲8,046,667	
期首現金預金残高	1,791,667	
期末現金預金残高	▲6,255,000	

と2年目はまったく同じになるものの、大量の在庫仕入を行なっているため、現預金が何と赤残になってしまっている（なお、現実の世界では現預金赤残になる＝会社として存続できないため、あくまで仮定であることを申し添える）。こうした事態を回避するためには、たとえば、ＣＳで見た場合に、

＊棚卸資産の増加（▲1000万円）を減らす（こんなに仕入れない）
＊借入金で資金調達をする（財務ＣＦ〈キャッシュ・フロー〉をプラスにする）

といった対応が必要になることは明白である。

「在庫圧縮」「サプライチェーンの短縮化（サプライチェーンが長い＝完成品になるまでの仕掛在庫期間が長い＝在庫が多い）」というフレーズを、記事などで見たことがある人も多いと思う。本件は極端な事例であるが、このように在庫残高が増えることは現預金を減少させることになり、多くの現場で在庫削減が叫ばれている意味はこういうことなのである。

また、本事例では変数を単純化したが、「販売個数が変わったら」「為替が変わったら」「人件費単価が変わったら」など、本来は多くの変動要素があり、1つの条件が変動すれ

ば、それに合わせてＰＬ、ＢＳ、ＣＳのすべてが変わることとなり、将来事業計画（財務三表）からは非常に多くの示唆が得られることを認識していただきたい。

ＩＧＰＩ流チェックポイント２

簿記の世界から得られるアウトプットを侮るなかれ。財務三表を使って多くの気づきを得るべし。

3 事業計画を作ってみる

よくある残念なパターン

前置きが大変長くなったが、本節では、事業計画作成の実際の流れについて取り上げたい。前節までの事例を踏まえて、皆さんの頭の中にぼんやりとでも「事業計画」「財務三表」のイメージがついたのではないかと思われるが、もし、「うちの会社の5カ年中期経営計画を作ってほしい」「参入を検討している新規事業の事業計画を作ってほしい」と言われたとしたら、頭にはその作業イメージが湧くところにまで、はたして理解は至っているであろうか。

ＩＧＰＩでは、さまざまな業種・企業規模の事業計画策定を数多くサポートしているが、そもそも事業計画を作っていなかったというケースもある。また、「作ってはいるけれど、売上も費用もまったく予測になっていない」「細かく予測して作っているけれど、作っただけで何も活用されていない」というケースも大変多く見受けられる。「まったく予測になっていない」「活用されていない」の意味するところについては、

《例1》想いのアピールはあるが、想いが数字になっていない

「戦略」や「方針」と称したパワポ資料はたくさんあるものの、数値部分については、「前年比10％の売上増加を目指します」「管理可能費全体で10％の削減を目指します」という根拠の見えない数字になってしまっており、具体性がない。

《例2》実行責任者が関与しておらず、無責任な計画になってしまっている

事業部門を巻き込まずに企画部門だけで作成しているため、実行現場の納得感を得られず、作ったあとに日の目を見ない。

《例3》作ることだけが恒例行事として定着している

毎期の恒例行事として、各部門で定型フォーマットを埋めて提出しているものの、パーツだけを考えて作業した内容の合算にすぎず、作ることが目的になってしまっている。

等々、症例はさまざまである。

これらの事例をまとめて裏返せば、「事業部門と企画部門が一体となって、想いをきちんと具体的数値に落とし、その数値の達成を目指したＰＤＣＡ（Ｐ：Plan、Ｄ：Do、Ｃ：Check、Ａ：Action）を回せばよい」ということになる。当たり前のフォーメーションで、より具体的に数値設定を行なうことが事業計画作成の基本となるのだ。

ちなみに、事業の将来を語るにあたって、フレームワークを活用する人は多いだろう。世の中には、３Ｃ（市場：Customer、競合：Competitor、自社：Company）や５フォース（新規参入の脅威、業界内の敵対関係の強さ、代替品の脅威、買い手の交渉力、売り手の交渉力）のような長きにわたって使われているフレームワークから、ビジネス書コーナーを日々賑わす新しいフレームワークまでさまざまな戦略フレームワークがある。だが、そのフレームワークをすべて埋めたところで、その事業を立ち上げるのにどれくらいの資金が必要なのか、どれだけ儲かるのか、はたまた意外に儲からないのかについて、はたして答えは出るのであろうか。

結局のところ、どれくらい資金がいるのか、どれくらい儲かるのかは、売上となりうる

「購入者×単価」や、それに伴う費用や先行投資の具体的金額を積み上げない限りはわからない。「顧客がどうだ」「市場がどうだ」という議論をどれだけしても、「顧客・市場がこういう状況だから、何社・何人がいくらで買ってくれて、結果として売上・利益はいくら」というところにまで話が進まなければ、それは単なるアイディアのディスカッションにすぎないのである。

フレームワークはさておき、その事業を取り巻く環境や費用構造等を考えてみることで、「この事業はイケそう」「この事業は厳しそう」というレベル感での初期的な見極めはもちろんできる。むしろそのレベル感での見極めは事業計画に落とし込まずともできることが必要であろう。

「何でもかんでも事業計画」「事業計画がないとわからない」というくだらない話をするつもりはまったくないし、そんなことをしていたら何も先に進まなくなってしまうのも事実である。

ただ「どこまでいけるのか」「どこまで厳しいのか」の深い検討は、神様でもない限り、事業計画の形で「数字での検証」を行なうことが有効であると考えられる。

「中国の人件費単価が上がり続けたら、この工場の5年後はどうなるんだろう」「米国ドルが130円になったら、あるいは90円になったらどうなるんだろう」「単価を10円下げて、数量が10%増えたら利益はどうなるんだろう」といったシミュレーションは、既存ビジネスの見直しから新規事業まで、どんなフェーズにおいても必要なものである。

また数字は誰が見ても同じにものにしか見えず（100という数字が人によって違って見えることはないだろう）、「何か話がかみ合わないんだよね」というストレスを減らすのにも貢献する。

まずは「事業計画を作ること、作るスキルがあることは素晴らしい」と信じていただいたうえで、「明日あなたが事業計画を作ってほしいと言われたら、どうしたらいいか？」という具体的内容に次項から進んでいきたい。

完成までの流れ——何から始めて、どこまでやるのか

事業計画作成は、大きく以下の流れで完成までのステップを踏むことになる。

a．目的（何のために・誰のために）を明確にする
b①．作成すべき資料を明確にする

b. ②納期（作業可能期間）を明確にする
c. 収集すべき情報（何を前提条件とするか）を検討し、入手する
d. 入手した情報に基づいて、前提条件の将来数値を考え、エクセルモデルを作成する
e. できあがったエクセルモデルの違和感を検証し、必要なシミュレーションを行なう
f. エクセルモデルを完成させる（暫定版）
g. プロジェクトオーナー（社長、部門長、部長など）に報告する
h. 見直し指示があった場合、cまたはdまで戻ってモデルを見直し、再度報告する
i. エクセルモデルを最終化する
j. 実績に基づいて、エクセルモデルをアップデートさせる

それではこのあと、各ステップについて、それぞれの留意事項を取り上げていきたい。

a. 目的（何のために・誰のために）を明確にする

事業計画と一言で言っても、その使い道はさまざまである。最初に目的を明確にするの

は、どんな仕事でも必ず行なうアクションであり、それは事業計画も同じだ。「この事業計画は何のために必要なのか、何について結論を出すべきなのか」「使う人・報告する人は誰なのか」について、深呼吸をして、最初にしっかり考えることが必要である。この目的を見誤った場合、無駄な作業ばかりをして、肝心な作業が遅れてしまったり、プロジェクトオーナー（社長、部門長、部長など）に報告しても、「何を言っているかわからない」と言われてしまったりする可能性が、残念ながら大変高まると思われる。

また、この目的は、事業計画策定に関わるすべてのメンバーが、同じ内容として認識していることが重要である。そのため、事業計画策定のプロジェクトリーダーになった場合には、グループのメンバーに、最初にそれを周知するとともに、目的から外れたり、見失ったりしているメンバーはいないかを適宜フォローすることが必要となる。自分が手を動かす作業者である場合も、常に、今の自分の作業は、目的に照らして意味があるかどうかを考え、当初の目的に立ち返ることが大切である。

b①．作成すべき資料を明確にする

目的が決まったら、それにしたがって、何をどのレベル感まで作る必要があるかを明確

図表4　必要運転資本

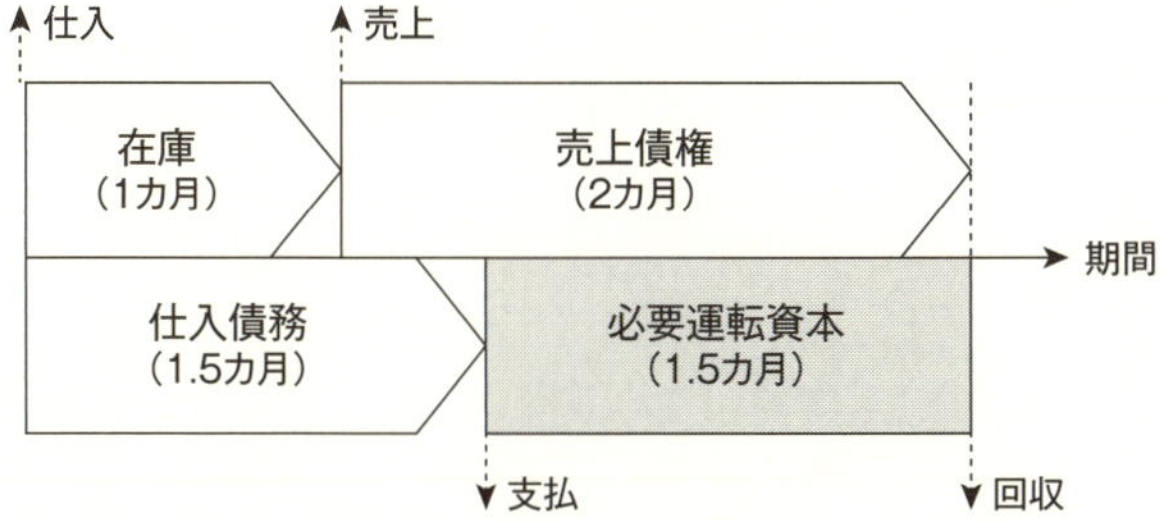

にする。先述のとおり、基本的にはＰＬ、ＢＳ、ＣＳの３点セットを作ることが必要であるし、期間としては将来３～５年分を作ることが一般的である。

ただし、現預金の残高状況に何の問題もない会社が、運転資本（※）が少なく、設備投資のかからないビジネスへの参入を初期的に検討する段階では、とりあえずＰＬだけを作ってみようという話もあるかもしれない。

一方、資金ショートを起こすかもしれない再生フェーズの会社でリバイバルプランとしての事業計画を作るのであれば、資金繰り表も同時に作成する必要があったり、事業別のＰＬや月次でのＰＬを作る必要があったりなど、より細かい資料の作成が必要になることもある。

※運転資本とは、「日々の営業活動を営むために必要となる資金」である。たとえば、図表４のケースでは、「月

商1・5カ月分の運転資本が必要」ということになる。
――商品を仕入れてから販売されるまで、1カ月かかる
――商品を販売してから代金を回収するまで、2カ月かかる
――商品を仕入れてから代金の支払までの猶予は1・5カ月

《作成すべき資料の検討ポイント》

＊PL、BS、CSの作成でよいか？　初期的にPLだけを作るか？
＊何年分を作成するか？
＊資料は年次・月次・4半期・半期のいずれで作るか？
＊PLは事業別に作成する必要はあるか？
＊資金繰り表の作成も必要か？

作成すべき資料イメージについても、目的同様、関係者が正しく共有していることが必要であり、共有状況を確認するのもプロジェクトリーダーの役割と考えられよう。

ついつい面倒に感じて、「まぁ、やっておいてよ」というような伝達をしてしまう人もいるが、そういう伝達をする人は、実は自分自身がよくわかっていないということが往々にしてある。伝えられない自分自身を発見した際には、「自分はきちんとわかっているだろうか」と自問したほうがいいし、きちんと伝えないリーダーの下で作業をするメンバーとなった場合は、リーダーに確認することが必要である。

b②．納期（作業可能期間）を明確にする

作成すべき資料と合わせて、納期（作業可能時間）も明確にすべきポイントである。どんなに丁寧に作り込んでいたとしても、納期までに仕上がらなければ、何の価値も持たないものになってしまう。3日間で特急作成しなければいけないケースもあれば、2〜3カ月かけて全社を巻き込んで作るケースもあるが、作成すべき資料に対して、「いつまでに何をやろう・何をやってもらおう」という最初の段取りがすべてを決めると言っても過言ではない。

なお、納期次第では、作成すべき資料の範囲見直しの必要性も想定されるため、両者は相互に検討し合う必要がある。

c．収集すべき情報（何を前提条件とするか）を検討し、入手する

「作成すべき資料」を明確化したら、その資料を作成するために必要な情報を社内外から手に入れる必要がある。

事業計画に限らず、たとえば、「ちょっとあの業界を調べておいて」というような依頼は日々社内で飛び交っていると思われるが、思いつくままにリサーチや資料依頼を始めてしまい、「無駄なリサーチをいっぱいしてしまった」「資料をやみくもに依頼して嫌われてしまった」という光景は大変よく見かけられるものではないだろうか。

こうした無駄なリサーチや資料依頼は、納期までの無駄足になってしまうため、最初の時点で、「どんな情報を収集すべきなのか」「その情報を収集するためには、何をどう調べるべきか、社内でどのような資料依頼をすべきか」をきっちりと整理する必要がある。

先述のとおり、事業計画は、十分なレベルまで構成要素をブレークダウンした前提条件を設定し（例：売上高は何と何を乗算・加算するか）、その前提条件に基づいた四則演算をきちんと行なって作成することが必要となるため、情報収集はこの構成要素に関わる重要な内容に注力して行なうべきである。

図表5　異業種5社の各種費用と利益の配分

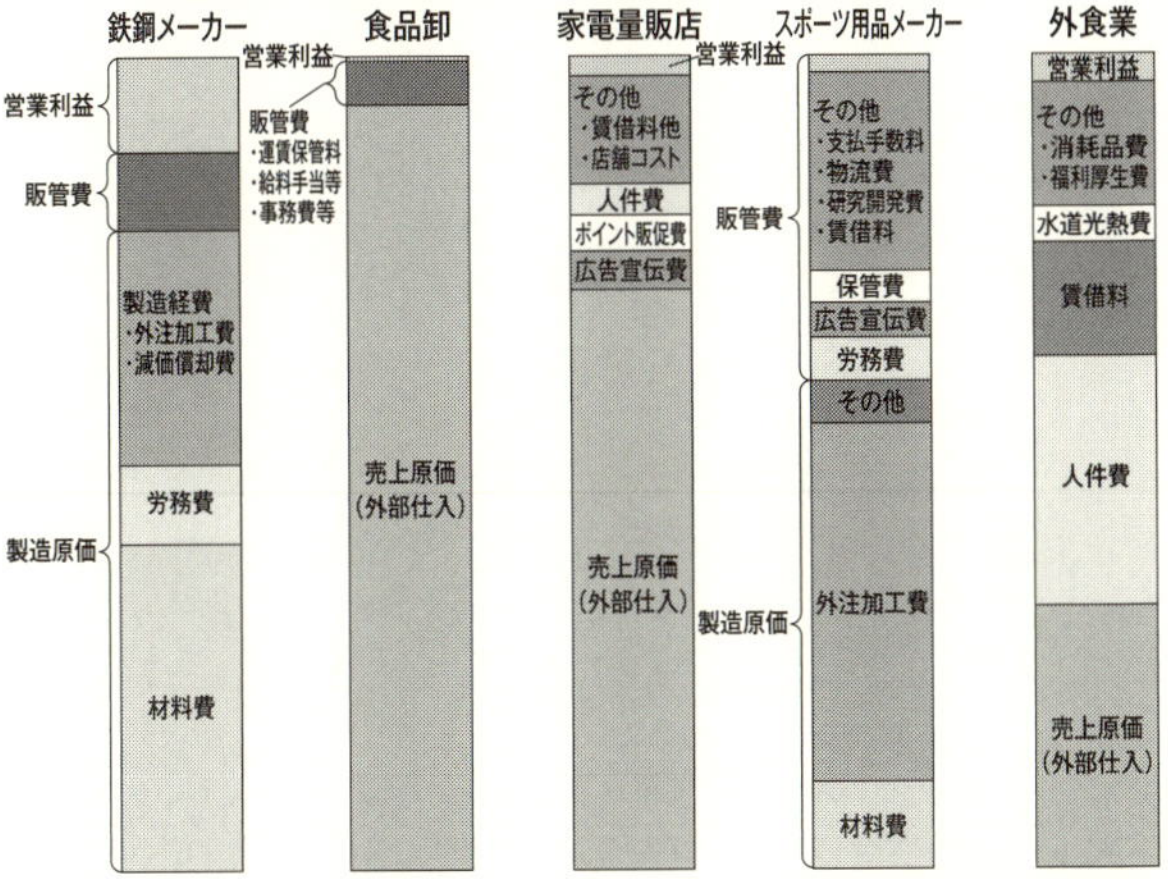

各社IR資料より著者作成

逆に言えば、重要でない項目については、情報収集することなく、前期と同じ数値を横置きという整理でもいいと言える（例：毎期数十万円程度の新聞図書費。もちろん、再生フェーズの会社で小さい金額も細かく切り詰めていかなければいけない場合は、こうした費用の内訳もチェックすることとなるだろう）。

前提条件とすべき構成要素は会社の業種などによって大きく異なり、その見極めが適切にできるかどうかは、実は一番力量の差が出る箇所でもある。売上のブレークダウンについては比較的イメージがしやすく、また、売上が重要でない会社はないだろうが、費用について、どこに力点を置くべきかは、会社の業種などによって異なるものと言えるだろう。

図表5は、まったく異なる業界の5社を対象に、売上を100とした場合の各種費用と利益の配分を示したものである。この5社でもその内訳が大きく異なるのは、一目瞭然だ。

こうした状況を踏まえて、たとえば、皆さんが、子会社である化粧品製造販売業A社の5カ年中計を作成してほしいと言われた場合を想定し、前提条件として深掘りすべきポイントをどう検討していくか、ひいてはどんな情報を調べて、どんな社内資料を入手すべきかについて整理していきたいと思う。

ステップとしては、大きく次の3つに分けられる。

イ：A社の事業内容・財務状況の概観を把握する
ロ：A社の将来業績にインパクトを与える変数を把握する
ハ：外部環境（市場規模、競合他）も把握する

イ：A社の事業内容・財務状況の概観を把握する

最初に、当たり前すぎることではあるのだが、A社はどんな事業でどれくらい稼いでいて、または損失を出していて（PLサイド）、運転資本や設備投資の水準、有利子負債や引当金の残高がどうなっているのか（BS・CSサイド）という概観をまず把握することが必要になる。

「A社ならよく知っているから大丈夫」と思っていても、意外と知識が古かったり、自分の勘違いだったりということはよくある。自分の認識と財務諸表の示す数値にズレはないか、今一度確認することが望まれる。

A社は化粧品製造販売業という設定にしているが、たとえば、ラインや製品別の売上構成はどうなっていて、原価率はどれくらいで、売上何カ月分の在庫を保有していて……、というようなポイントを、さっと答えることができるだろうか。実態が認識どおりであったらそれはそれでいいので、最初の時点で概観を押さえていないまま走るというリスクをヘッジすることは非常に重要と言える。

ロ：A社の将来業績にインパクトを与える変数を把握する

事業内容・財務状況の概観を把握したら、次に行なうべきは、「事業計画に大きなインパクトを与える変数」を把握することである。「金額的インパクトが大きなところから」という発想はすべての基本であり、事業計画についてもそれは同じである。

たとえば、A社の売上のうち、全体の数パーセントしかなく、かつ黒字ベースの事業があった場合、その事業に関わる変数を熱心に調べる必要はない。また、費用も大きなインパクトを与える項目の変数をターゲットに、情報収集を行なうべきであろう。

ちなみに、化粧品製造販売業は、費用に占める広告宣伝費・販売促進費の割合が他業種と比較して圧倒的に高く、原価率は2、3割にすぎないという事業構造となっている。

それでは、A社の将来業績にインパクトを与える変数として、何を把握すべきであろうか。まず売上高については、どんな製品・サービスであったとしても、基本は〈数量×単価〉以外の何ものでもないだろう。

一般的に〈単価〉という要素は、さらなるブレークダウンというのはあまりないかもしれないが、一方の〈数量〉については、その分解方法がいろいろ存在すると考えられる。

「ターゲット人口」「シェア」「年間購入回数」「販売ルート」「広告宣伝費からのコンバージョンレート」等々、どの要素がA社の事業に重要かを特定のうえ、どういう四則演算で売上高を算定するかを決めて、その四則演算に必要な情報を収集することになる。

また、広告宣伝費（販売促進費含む）が費用の大きな割合を占めると先述したが、そうであれば、ここについては綿密な変数設定が必要になるであろう。広告宣伝費と一括りに言っても、WEBも含めた媒体広告とサンプル配布では、その掛け算の要素は異なるし、「イ：A社の事業内容・財務状況の概観を把握する」でも述べたように、広告宣伝費内訳の概観を把握してからの変数設定着手が望ましい。WEB広告のコストが広告宣伝費の大半にもかかわらず、サンプル配布のロジックに関わる情報を一生懸命入手してしまったという状況は避けるべきである。

一方、電子部品メーカーの事業計画を作るのであれば、広告宣伝費の内容は、「展示会参加件数×出展料」という分解かもしれないし、年末のカレンダーくらいしか広告宣伝費は発生しないよ、という会社であれば、毎期同額を横置きしているだけでも十分と言えるであろう。

さらに、一般的に費用の多くを占めることの多い人件費の場合、一番大きなレベルでのブレークダウンは「人員数」×「単価」となるが、年代別や職種別に単価を区分する必要があれば、それにしたがって区分することになるし、人員数もそれに合わせて区分することになる。

なお、事業計画の目的次第ではあるが、後述のPDCAを回すレベルまで分解することが、一般的には必要となる。事業計画が「使える」事業計画であるためには、作ったあとの検証作業に耐えうることが求められるからだ。

たとえば、エリアごと・製品ごとの単価・数量までブレークダウンしてあれば、PDCAが回せるということであれば、そこまでの分解で足りるだろうし、「販売数量はリピート率に依存する」ということであれば、製品数量をリピート率との相関関係がわかるレベルまで分解することが必要ということになろう。

ハ：外部環境（市場規模、競合他）も把握する

イ及びロでは、「A社の状況を知る」、つまりは内部環境を知るための把握作業について話をしてきたが、「変数がどう動くか」「変数をどこまで改善できるか」を知るためには、市場規模や競合などの外部情報も重要となるだろう。

A社の売上高は市場規模以上にはなりえないわけであるが、たまに「このペースで成長すると市場規模を超えてしまいますよ……」という事業計画を見かけることがある。

もちろん市場規模には、代替市場や、新たに生まれる市場（例：5年前の時点でのスマホ関連市場）も含められることとなる。

また、「競合と比較してみたときのA社ってどうなんだろう……」という点についての理解も必要であろう。「競合と比較して、うちの人件費率は高いな」「原価率に結構差があるけれど、なぜだろう」などのポイントに、変数のヒントはあることも多い。

なお、新規事業の事業計画を立てる際には、「世間はどんな相場なのか」をベースに数字を組み立てていくことになるため、とくにこの「ハ：外部環境（市場規模、競合他）も把握する」は綿密に行なうことになるものと考えられる。

ということで、会社や事業内容に則した変数を設定し、その変数にかかる内部情報・外部情報の両方を集めよう、ということが本節で伝えたかったメッセージである。

d．入手した情報に基づいて、前提条件の将来数値を考え、エクセルモデルを作成する

知りたい変数を設定して、その変数に関する情報も集めたら、今度はその変数がどう動

くかという将来前提を考え、エクセルでモデル作成をしていく。

前項で取り上げていたのは、たとえば、「構成要素としてシェアが必要」「リピート率が必要」という、その「シェア」「リピート率」を設定しようというものであったのに対し、本項が指しているのは、「シェアを40%と置くか、それとも45%と置くか」「リピート率はずっと20%のまま将来にわたって維持できるのか」といったポイントを考えるということになる。

現実の世界では、インパクトのある変数ごとに「将来はこうなりそうだ」と設定するのではなく、変数に分解せずに、「売上高は10%増」「人件費は横置き」というように設定してしまっているケースを残念ながらよく見かけることは、冒頭でも取り上げたとおりだ。そんな変数設定しかしないなら、どれだけ戦略を考えても仕方がないような気がするのだが、これは実際問題としてよく発生する事件である。根拠のない「10%増」「横置き」はただのヤマ張りにすぎないにもかかわらずである。

ただし、「将来はこうなりそうだ」と細かく設定している場合においても、何もすることなく前提条件が好転することはなく、それを実現させるための施策と常にセットであることが必要と言えよう。

図表6 シミュレーションに耐えられないケース

①当初

	A	B	C
1			
2	売上高	22,500,000	=B3×B4×B5×B6
3	（DLユーザー数・人）	1,000,000	
4	（アクティブ率・%）	30.0%	
5	（有料課金割合・%）	15.0%	
6	（課金単価・円）	500	

②変更後

	A	B	C
1			
2	売上高	30,000,000	=B3×B4×B5×B6
3	（DLユーザー数・人）	1,000,000	
4	（アクティブ率・%）	30.0%	
5	（有料課金割合・%）	20.0%	
6	（課金単価・円）	500	

③シミュレーションに耐えられないケース

	A	B	C
1			
2	売上高	30,000,000	=1,000,000×30%×20%×500

織り込む施策の種類については、次章で詳しく取り上げるが、場合によっては施策実行のための追加投資・人件費が必要になることも考えられ、その際には追加の設備投資や費用の計上も忘れずに行なわなければならない。

なお、せっかく要素分解をしているにもかかわらず、エクセルの使い方が残念なために、次項で取り上げるシミュレーションに耐えられないケースがある。

たとえば、図表6のケースのように、「売上高：2250万円」を「B3×B4×B5×B6」と算定している場合（図表6の①当初）、B3〜B6の前提条件の設定値を変更したいと思ったときも、たとえば、有料課金割合を20%に変更したければ、B5セルを15・0%から20・0%に変更すれば、あっと言う間に売上高は、3000万円に変更されることとなる（図表6の②変更後）。

一方、「③シミュレーションに耐えられないケース」のように、数字のベタ打ち掛け算で売上高を計算してしまうと、前提条件を変更したいと思った場合、B2のセルをいちいち打ち直す必要が出てくることになる。図表6の事例の程度であれば、もちろん、修正可能であるが、実際の事業計画ファイルでは大量のシートが存在するわけであり、そもそもB2セルを見たときに、「500って何だったっけ?」と思うのが普通であろう。後の「e.できあがったエクセルモデルの違和感を検証し、必要なシミュレーションを行なう」や「h.見直し指示があった場合、cまたはdまで戻ってモデルを見直し、再度報告する」で取り上げるが、前提条件は99%見直しの必要が発生するため、（③シミュレーションに耐えられないケース）のような作りは要注意と言える。

e.できあがったエクセルモデルの違和感を検証し、必要なシミュレーションを行なう

「前提条件をきちんと要素分解して設定した」「PLだけでなく、BS・CSまで作った」

と思っても、いざできあがりを見てみると、「何か違和感……」ということはよく起こる。そして、その違和感は多くの場合当たっている。

違和感の種類としては、「あれ、利益が出ると思っていたのに赤字？」「利益が5倍に？」「現預金残高が赤残になってしまう!?」という派手なレベルのものから、何かピンとこないなぁという地味なレベルまでさまざまだ。

もちろん単純な計算ミスやエクセルのリンクミスということもあるが、何らか前提条件がリーズナブル（妥当）でないというケースも多い。このような場合は、前提条件のセルをいろいろシミュレーションしてみて、違和感がなくなるまで検証することが必要である。

できあがりの財務三表を眺めてみて、売上なり、各費用なり、現預金なりの動きに対して、「こういう前提条件だから、こういう推移になっています」という大きな説明ができるようであれば、その事業計画は正しいものになっているであろうし、意思決定に影響を及ぼすようなおかしな前提条件は、「遠くから眺めて説明できるか」というレベルの検証で、きちんとチェックできるケースが大半である。

これまで「十分なレベルまで前提条件を分解する」ということを何度も言ってきたが、

「虫の目」で細かく積み上げすぎて、大きな動きが見えなくなることもあるため、最後は「鳥の目」をもってチェックをかけることも大変重要である。

f．エクセルモデルを完成させる（暫定版）

チーム内で違和感がないところまで完成させたら、「暫定版事業計画」のできあがりである。重要な前提条件をテンポよく、プロジェクトオーナーに報告できるよう、頭と資料の整理をしよう。

g．プロジェクトオーナー（社長、部門長、部長など）に報告する

いよいよプロジェクトオーナーへの報告であるが、売上から順番にだらだら説明するのではなく、その事業計画の肝となる重要な前提条件を簡潔に説明することが必要となる（第1節で、大手食品メーカーX社事例のCさんが、I社長に怒られていたのは、まさにこのケースである）。

伝えるべきは、「1年後、3年後、5年後に会社や事業はどうなっているのか、どうなることを目指すのか」「どの前提条件を達成できることが、この事業計画のポイントなの

か」といったことであり、「1年後の売上は、○○事業で×%伸びまして……」という説明ではない（もちろん「なぜ×%伸びるのか」「×%伸ばすためにどういう施策があるのか」まで説明するのであれば、その限りではない）。

「a．目的（何のために・誰のために）を明確にする」に立ち返りながら、実のある報告を行なうことが望まれる。

h．見直し指示があった場合、cまたはdまで戻ってモデルを見直し、再度報告する

一度でめでたく完成することもあるが、多くのケースは、「あの製品の売上はもっといく・あんなにいかない」「研究開発費を上げる・下げる」「海外の人件費はもっと上がることを想定しておいたほうがいいかもしれない」などのコメントがなされて、必要に応じて「c．収集すべき情報（何を前提条件とするか）を検討し、入手する」まで戻って前提条件を見直すことになる。

ただし、報告段階で前提条件がきちんとセットされているからこそ、指示も出るわけであり（「売上高はとりあえず10%増にしておきました」では指示の出しようもない）、シミュレーション可能なエクセルファイルになっているからこそ、修正もできるわけである。皆さ

んの仕事の神髄は、まさにここで発揮されたことになると言えるだろう。

指示に基づく前提条件の見直しが行なわれたら、「前回からの変更事項ハイライト」を簡潔にまとめたうえで、プロジェクトオーナーへの再報告を行なうこととなる。

i．エクセルモデルを最終化する

再度の報告で指摘事項をクリアできたら、エクセルモデルがいよいよ最終化される。「大変お疲れ様」と言いたい。

ちなみに、事業計画というのは、できあがりのエクセルファイルをパっと見たときに想像される「予想作業時間」の何十倍も時間がかかることが経験上ほとんどである。筆者もこうした業務を始めた当初は、自分の時間の読みの甘さゆえに大変な目に遭ったということは数知れない。甘く見ることなく、早めの着手を心がける、それこそがエクセルモデル最終化までの最高の近道かもしれない。

j．実績に基づいて、エクセルモデルをアップデートさせる

「作って終わり」ではなく、「使って」こそ、その事業計画は価値あるものとなることは

先述のとおりであるが、「作って終わり」なのであれば、作ったその労力は無駄であり、むしろ作らないほうがいい気さえしてくる。

ただし、どんなにリーズナブルに作ったつもりでも、外部環境も内部環境も日々変化していくわけだし、その意味では、事業計画は完成と同時に、陳腐化への道をスタートすることになると言える。１ドルが何円になるかは神のみぞ知ることであり、自社工場の歩留まりも予定まで上がらないこともあるだろう。

事業計画で設定した前提条件と実績値が離れた場合、大切なことは「見込みと離れた」と怒ったり騒いだりすることではなく、なぜ離れたのかを検討し、場合によっては将来のシミュレーションを変更する必要もあるかもしれないと考えることである。

事業計画が、こうしたＰＤＣＡサイクルを回すための最強ツールとなれるよう、「作る」段階から、いかに「使う」ものにできるかを意識しておくことが重要と考えられる。

ＩＧＰＩ流チェックポイント３
「目的・コミットが中途半端」「的を射ない前提条件」「シミュレーション不能（事前・事

後の検証に耐えられない)」は、事業計画作成の三大悲劇である。悲劇を引き起こさないよう、常に意識すべし。

4 事業計画に対してよくある質問に答える

本章の最後に、事業計画に対するよくある質問としてよくある典型的なものを挙げ、解説する。

よくある質問①

「絶対に当たる事業計画を作りたい」「その前提条件がどうして正しいと言えるのか証明してほしい」

結論から言うと、「絶対に当たる事業計画は作れません」「前提条件をどう考えたかの説明はできますが、正しさの証明はできません」という答えになる。

事業計画はそもそも「当たる」ものでも、「正しい」ものでもない。その会社なり事業なりの売上や費用を構成する重要条件の将来値を設定し、今後のＰＬ・ＢＳ・ＣＳを予測することで、「この条件を達成しないと、この利益は出せないな」「材料単価がここまで上がると赤字になってしまうな」「コストをここまで絞って、ようやく○億円の利益になるな」というように、未来に向けたシミュレーションをするものなのである。

もちろん設定する将来値は、作成時点で最も適切と考えられる値をセットし、その値に近い形で実績も推移するのが望ましい。

しかしながら、設定する将来値には、為替や原油価格のように、レンジ（範囲）の幅は予測できるとしても、自分たちの努力ではどうにもならないものもある。「1USドル＝200円」と設定する人はいないと思うが、3年後の1USドルが90円なのか、110円なのか、130円なのかは神様にしかわからないだろう。

大切なのは、その事業計画が、1USドルがいくらになると設定しているかを明確にしたうえで、その水準が上下した際のシミュレーションをしておくと同時に、実際に上下した際にはその計画をすぐに見直せるかどうかである。

ちなみに、「為替や原油価格のように自分たちの努力ではどうにもならないもの」と先述したが、実は内部寄りの指標（たとえば、売上数量、生産高、人件費単価など）を設定する際にも同じようなことは言える。何でもかんでも自らコントロールできるわけではなく、リーマンショックが起きたり、中国の人件費単価が高騰したり、タイで洪水が起きたり、はたまた同業他社が事件を起こして業界全体に冬が訪れたりと、世の中ではいろいろなことが起きる。

こうしたことが起きた際に、「想定しえないことが起きたので、もうこの計画は達成できません、以上」では何の意味もない。指標の軌道修正をかけたうえで将来のＰＬ・ＢＳ・ＣＳはどう変化するのか、目標に届かない場合、どのような施策を行なうのかを検討できるツールとなることで、事業計画は初めて意味あるものになるのである。

ということで、「当たる」「絶対に正しい」というオカルト的なものではなく、「その時点で最適な事業計画」「変更に耐えうる事業計画」こそが、目指すべき事業計画だと言えよう。

よくある質問②

「新規事業開発を担当しているけれど、いつの時点から事業計画を作ればいいのかわからない」

答えは、その事業を本気で開発する気持ちになった時点で作り始めればいい、である。逆に言うならば、数字にまで議論が落ちていない段階は、まだアイディアをあたためている状況にすぎず、事業開発をしているとは言えない。

もちろん、一言で事業計画と言っても、どこまで細かく作るべきかは状況に応じて違うだろうし、初期的検討の段階で細かいものを作る必要はない。

たとえば、初期的に人件費を計算する際には、「1年目に年収500万円の人を3人雇って……」というレベルで足りるだろうし、サービスの売上を計算する際も、「似たようなサービスで1000万人の会員がいるから、自分たちはその半分の500万人の会員を1年目で集めて、インターネットサービスの有料会員割合は大体3％くらいだから……」というレベル感でいいので、まずは作ってみることが大切である。

重要なことは、売上なり利益なりが、1億円の話をしているのか、10億円の話をしているのか、はたまた100億円の話をしているのかという点を把握することであって、自分たちが立っている場所はどこなのかを理解することで、非常に現実的な議論ができるようになるのである。

アイディアを散々発散させて、「こんな製品・サービスもいい」とたくさん出したあげく、いざ「どれくらい売れるの？」という計算をしてみると、「年間６０００万円!?」というような悲しい試算が出てくるケースを、筆者はこれまで数多く見てきた。そのときのシラけた空気というものは、本当に悲しいものがある。そして、二言目に出てくるコメントとしては、「こんなに小さいなんて……」というように素直に悲しさを表現する場合と、「何となくわかってたんですよね」と強がる場合が、大体半分ずつである。

ということで、現実を早めに知って、よりよい新規事業を作り出すためにも、本気になった時点で、数字のシミュレーションをすることを強くおすすめしたい。

よくある質問③

「流れの速い業種なので、事業計画なんて作っても仕方ないと思うのですけど」

この質問は、インターネットセクターの人たちからとくに多く受けるが、結論としては「仕方なくありません。作ったほうがいいです」というのが答えになる。

たしかに「流れの速い業種」の場合、将来の売上の前提条件があっと言う間に変わることもあるかもしれないし、まずは大量のユーザーを抱えてしまうことが大事（売上は後からついてくる）ということもあるであろう。

ただ、売上が予測できないからといって、人件費などの各種費用や設備投資を見積もる必要がないという話にはならず、むしろ「事業計画＝売上計画だと思ってしまっている」という誤解を自らさらすようなものではないだろうか。

また、売上計画についても、もちろん何年もベストセラーとして売れている定番商品の売上と同じように見積もることはできないにしても、いつ頃、誰から、どういう方法でお金を稼ぐのかの大枠は組み立てられるはずで、それができないというのであれば、「何のためにそのビジネスをやっているのでしょうか」という話になる。

売上が上がらなくとも、費用や設備投資は発生するし、そのための資金調達は必要になるし、現時点で売上が上がらないことと、事業計画を作らないことはまったく別である。

「流れの速い業種は、計画なんて立てずに、試行錯誤しながらどんどん前に進むだけ」という話をよく聞くが、実験は、「こういうことが知りたい、そのためにこういうことをしてみよう」という整理のうえで臨んだ場合には、途中の結果が出てきた段階で、その実験を適宜、軌道修正したり、見切りをつけたりという実効的な施策がとれる。

一方で、そうした仮説を立てずに、「いろんなことをやっていたら、何か結果が出てくるはずだからとりあえずやってみる」とした場合、出てきた結果にどう対応していいかわからず、行き当たりばったりな試行錯誤をいつまでも続けることになるであろう。

実験の仮説となりうる事業計画は、どんな業種にも必要なのである。

よくある質問④
「戦略だけあれば、事業計画なんていらないのでは？」

この質問に対しては、むしろ「戦略とは何ですか？」という逆質問をしたくなるが、戦略は、その成果を何らかの形で測られるべきであり、そうでない場合、その戦略は有効だったのか、効果がなかったのか、判断できないものとなってしまう。

たとえば、「ニッチ戦略」と言われても、ニッチすぎて売れずに、赤字になってしまうような事業であった場合、どこが戦略なのかまったくわからないし、「コストリーダーシップ戦略」と言われても、コスト安で作ることができたとしても、売れなければ全額コストになってしまうわけで、要は「売上－費用＝利益」の利益が出ないことには、戦略は何の意味も持たないと言えるだろう。

「よくある質問②」の内容と重なるが、せっかく戦略を立てるのであれば、簡易でもかまわないので、「この戦略でどれだけ利益が出るのか」「この戦略実現にはどれくらいのお金がかかるのか」をシミュレーションしたあとに、実行すべきと考えられる。利益の出ない戦略は正直言ってダサく、「ダサい戦略」と言われることを回避するためにも、事業計画は必要なのである。

IGPI流チェックポイント4

議論すべきは、事業計画を作る・作らないではなく、どのように事業計画を作るかである。「食わず嫌い」を卒業して、まずは作ってみよう。

第2章

事業計画策定の重要な要素

——そのとき、コンサルタントは何を進言したか

5 なぜ計画は実行されないのか

「形式的な計画」から「腹落ちする計画」へ

事業計画はおおむね下記の要素で構成されている。

①会社の基本哲学であるビジョンやミッションやバリュー
②会社全体が今後進んでいく道を記した事業戦略
③戦略という大方針を具体化するための個別の打ち手と推進体制
④多様な打ち手を時間軸に展開しているアクションプラン
⑤アクション全体と期待効果・目標値を結びつけている将来の数値計画

この章では、これらの事業計画全体のコンポーネント（構成要素）の中から、とくに、

図表７　検討の流れ

③～⑤のＨｏｗ（打ち手、施策）について、具体的な事例、とくに事業再生に関わる例を挙げながら触れていきたい。なお、「事業戦略」については第４章で深く考察をしているのでそちらをご参照いただきたい。

これまでも述べてきたように、本当に使える計画、社員に広く認知され、日頃の事業活動の羅針盤となっている計画は、実際には非常に少ない。形式だけを整え、銀行から融資が出た段階で役目を終えて、あとは机の引き出しの奥にひっそり眠り続ける、なんてこともよくあるのではないかと推察する。

当然、最初から机の引き出し行きが確定している計画は存在しないし、作る時点では、「腹落ちする計画を」「実行される計画を」と考えられていたはずだ。しかし、なぜ、このような状況が改善されないのであろうか？

そこで、筆者の体験から感じているこの事象に対する原因と、そうならないための処方箋、検討のステップ（図表７）をいくつか実例を挙げながら提示したいと思う。

目指すゴールを決める

「各部の若手エースを集めて……」「ボトムアップで……」といった号令のもとに計画を作ることが、最近主流になりつつある。お題目としての響きはよく、何となく納得されやすい話ではあるが、その手法で、どれだけ会社の今後の骨格となりうるプラン・アイディアが生まれているだろうか？

たしかに、若い社員の方から、高い問題意識とエッジの利いたアイディアが出てくることは少なくない。ただ、それらを、合議制の名のもとに議論を進めれば進めるほど、「他の部署への遠慮」もしくは、「保身意識」等々で、どんどん角が削り取られ、結果的に誰にとっても口触りはいいが、その会社らしさを失い、社名を変えれば他の会社にも適用できそうな化学調味料風味の計画に陥っていることが少なくない。

以前、ＩＧＰＩが支援した某企業で若手中心の会議に参加したときに、会議前は、「○○事業は撤退」「××商品は見直し」などのアグレッシブな意見を言っていたが、社長も含めた幹部の会議の場になると、押し黙っているか、もしくは当たり障りのない意見に終始するといった状況に遭遇したことがあった。

そのようにして生まれた計画は、反発は起きにくいと思うが、一方で社員の皆さんの心には響かず「ふーん」「まぁ今までと同じだろう」とスルーされ、日々の事業活動の指針にはなり難いと考える。

我々のこれまでの経験を振り返っても、社内外から反発を生むようなインパクトのある打ち手や、部門間の利害を超越したテーマは、ボトムアップからでは、なかなか上がってきにくいと感じている。

会社の将来像を思い描き、その将来像をもとに会社の「右か左かを決める」「不採算事業をやめる」といった話は、結局のところ経営者でなければ決断できない。骨太な計画策定の第一歩は、まず、トップからの大方針・ゴールを定義するところからスタートすると言っても過言ではない。

ゴールに至る道筋を考える

スポーツの世界でもそうだと思うが、ただ、「ゴールを狙え」とか「とりあえずシュートを打て」だけでは簡単に結果は出ないし、そもそも選手のモチベーションは上がりにくい。

それと同じように、「人件費3％削減」「在庫10％圧縮」といったお題目とＫＰＩ（Key Performance Indicator：重要な業績評価指標）だけでは、現場社員はなかなか反応しない。中には稀に、いまだに濡れ雑巾の状態で、睨みを利かせれば、コストが改善する会社もあるのかもしれないが、ほとんどの企業の現場では、日々逼迫した人員、リソースの中で業務を回しているというのが実態だ。

そのような中で、ただＫＰＩをもとに現場に指示しても、「俺たちの苦労も考えずに」とか「現場を知らず本社は」といった反発を招くのみで、事業計画に対する関心・真剣度はますます薄くなってしまう。いわゆる構造改革の中で、「資産売却」「事業売却」といった財務的な色合いが強い打ち手は、意思決定さえできれば、進捗しやすい。しかしながら、現場を巻き込むような打ち手は、難度が高く、できる限り具体的な施策内容の提示と腹落ち感を獲得する必要がある。

筆者が過去支援した某小売業の事業再生で、「人件費の効率化」に取り組んだ際には、ＫＰＩと合わせて、それを実現しうるオペレーションの再構築（物流、商品構成、サービス、ＩＴ等）を行ない、その定着に向けて毎日・毎週すべての店舗を訪問し、一緒にスタッフのシフト表の再作成や、人手が少ない中で業務・顧客サービスレベルを維持できる業

図表8　ゴールに向けた道筋を示す

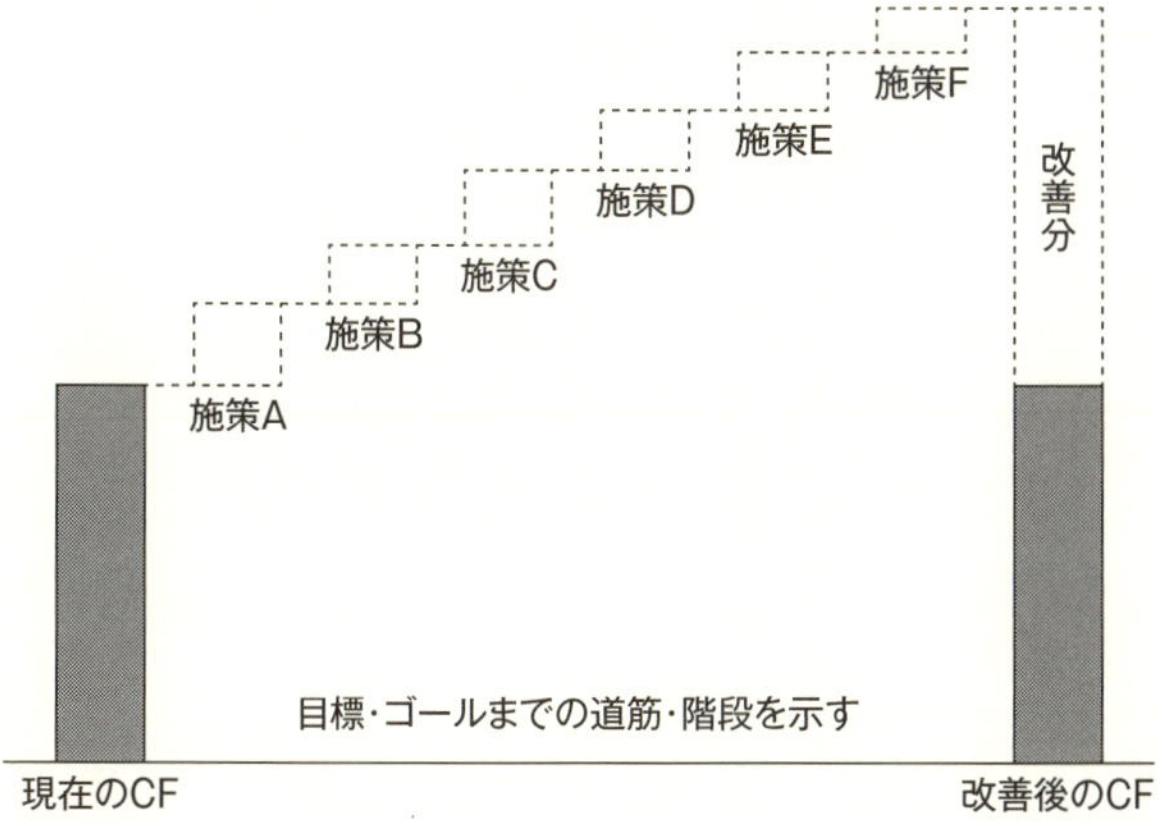

務の工夫、そして、マニュアル作成などを行なった。そして、そういった取り組みが、徐々に現場のやる気や競争意識を醸成し、結果的に大きな効果を得ることができた。

現場は、比較的、事業計画というものに対して、関心が薄い、もしくは、懐疑的な場合も多いのが一般的だ。そういった中で、事業計画の実効性や腹落ち感を高めるためには、目標・ゴールに向けた道筋をきっちり見せ、現場を巻き込みながら少しずつ成功事例を積み重ねる取り組みが重要である（図表8参照）。

ゴールに向けた歩みの進捗を確認する

最近は、「ASEANを中心としたグロー

バル展開」「新規事業の開発」といったキーワードを多くの企業の事業計画の中で見かける。これらは、不確実性が高く、予測にも限界がある。そうした中で、事業計画の位置づけ、意味合いも、仮説の色合いがより強くなり、環境の変化に応じて、見直し・ブラッシュアップを行なう必要性が高まっている。

そのため、事業計画もこれまで以上に、事業状況に対して鏡となりうる骨太なもの、すなわち、ゴールまでの道筋がしっかり示されているものでなければならない。この道筋がないと、「なぜ、ゴールに到達できなかったのか?」「どこで道を誤ったのか?」といった問いに対し、真の原因がわからず、「残念でした」、もしくは、「無謀だった」の一言で終わってしまう。

一方で、どれだけ検討しようが、仮説は仮説である。PDCAを回す中で、もし、外部環境などの前提条件が変わったり、方向性に難ありであれば、舵を即座に切り直す必要がある。過去、IGPIが支援していた部品メーカーでは、当初、タイを中心とした生産の拡充を考えていたが、タイの最低賃金の引き上げに伴う人件費の高騰を受け、生産拠点をカンボジアに移すことを即断している。事業計画策定時の環境の予測精度向上に加えて、こうした機動力・調整力は、不確実な事業環境の中でますます求められると考えている。

こういったことを意識しながら、次の節では、外食及び機械製造業の2つの事業計画策定事例を紹介したい。事例では、クライアント側の社長とコンサルタント（牧田、早田）との会話、その補足説明といった形式をとっているが、これらの会話は、実際にいくつかの案件を通じてやりとりしたものを参考にしている。その意味では事業計画策定上のポイントに加えて、策定期間中で起きる生々しい悩みや葛藤などに関しても理解していただけると思う。

なお、第1章の事例が新規事業であったため、本章では再生局面にある企業の事例とした。新規事業の検討とは異なる難しさも感じ取っていただきたい。

IGPI流チェックポイント5

計画は、「きれいなロジック」と「計算式」が成り立っているだけでは不十分だ。実際に実行する幹部や社員を巻き込めるもの、腹落ちするもの、彼らが明日からどういうアクションをとるべきかイメージがつくものでなくてはならない。

6 計画策定事例①――外食企業の事業再生

外食企業A社は全国に数百店舗展開している老舗外食チェーンで、数百の店舗と十数の業態を抱えている。数十年前に、現社長の三村氏が始めた飲食店舗が、時代の波と社長の強烈なリーダーシップのもとに、新規出店、M&Aを繰り返しながら、猛烈な勢いで売上を伸ばしてきた。

他方、この間、金融機関からの借入金が大幅に増加、加えて会社のマネジメント力を超える会社規模、店舗数になった結果、不採算店舗が増大、収益が大幅に低下し、結果的に収益に対して過剰な債務状況となってしまった。

ここで、当時のやりとりと、どのような視点で対象会社の再生に向けた計画を策定していったのかを振り返りたい。

図表9　店舗数と売上の伸びと利益率の悪化

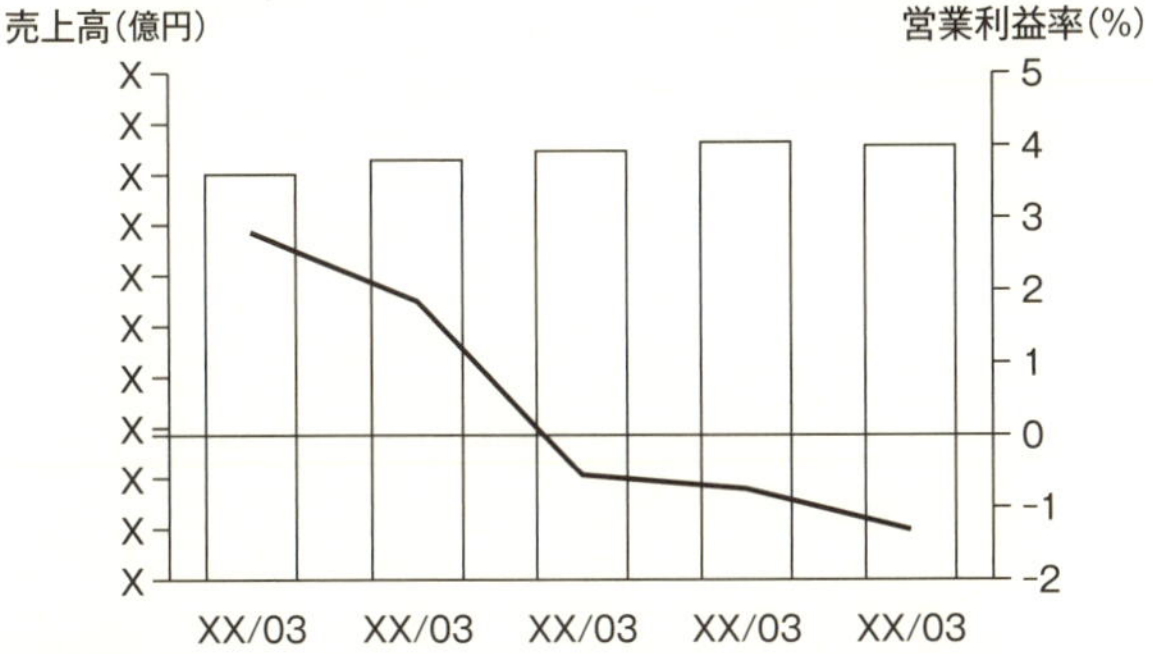

有利子負債	150	155	160	170	180
店舗数	400店	410店	440店	480店	510店

業績不振の要因を明らかにする

三村社長「いったいうちはどこで道を間違えたのだろうか？　リーマンショック以降、既存店の売上は下降傾向で、会社の業績も、この数年、赤字続きだ。現場には売上を伸ばすように発破をかけているのだが、もっと新規店舗を増やし、既存店の売上減少をカバーしなくては……」

コンサルタント牧田「この数年、店舗数と売上は伸びていますが、会社の利益率は悪化の一方です。借入もこの5年で1・3倍増加しています（図表9参照）。今一度、これまでの経営スタイルの問題と課題、それに対する打ち手を整理してみましょう（図表10参照）」

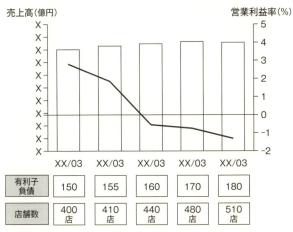

図表10　経営スタイルの問題と課題、それに対する打ち手

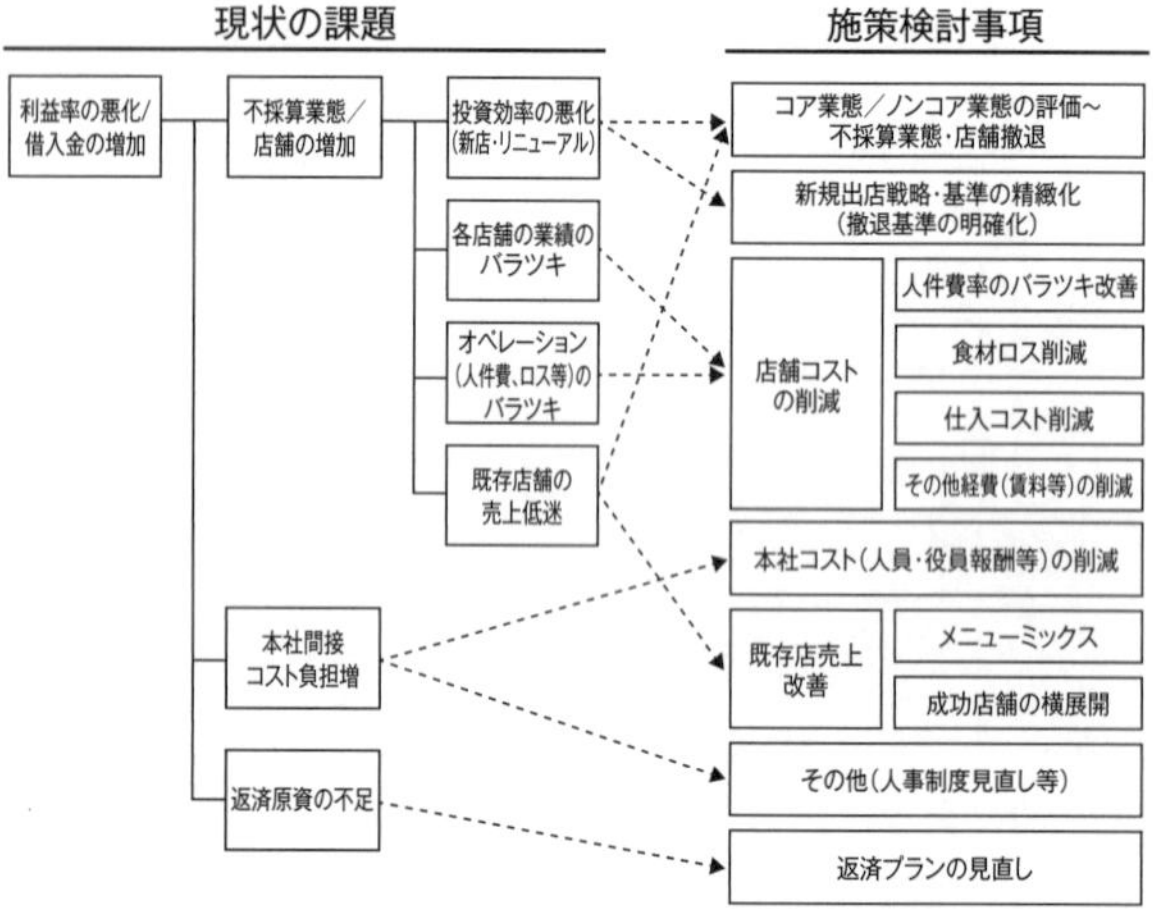

事業再生計画を策定するうえで、最初にチェックするポイントは、その会社・業界の事業の経済性（儲けるための経済メカニズム）だ。この事業経済性について最も重要な視点を述べるとすれば、「規模が大きくなれば、収益が上がるのか否か」ということである。IGPIは、これまで多くの企業の再生に関与してきたが、この事業の経済性に反した経営を行ない、業績不振となった企業が非常に多い。本来、規模の経済性が効きにくい業種にもかかわらず、過度に売上、規模を追い求め（規模の不経済が働き）、業績低迷となっていた企業をいくつも見てきた。

本事例の外食企業で言えば、一般的には分

図表11　主要外食企業の売上と利益の相関

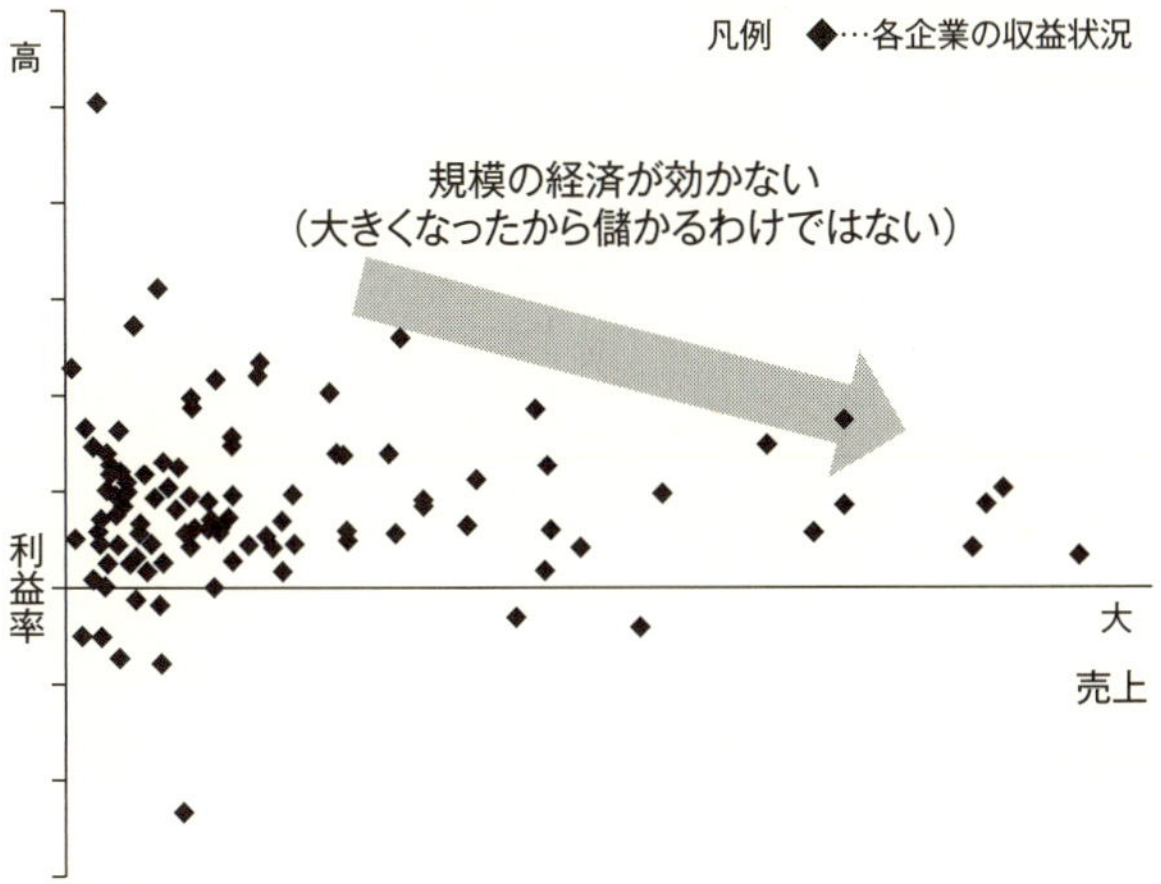

散型の事業に類していると考えられ、単純な規模の拡大は収益悪化につながる傾向が強い（図表11参照）。

外食企業は、店舗間の共有コストの割合が低く、規模が拡大してもコストの効率化、収益向上につながりにくい。むしろ、漠然と規模を増やすと店長・店員のレベル低下による品質悪化、悪条件の店舗立地、本部コントロール機能の低下などにより不採算店舗が増加し、収益性が悪化する可能性が高い（図表12参照）。

よく、話題の飲食店のオーナーが、急激な店舗拡大とともに、あっと言う間に没落するのは、このパターンだ。ただし、いわゆるセントラルキッチンスタイルの飲食企業の場合

図表12　不採算店舗の増加と収益性が悪化

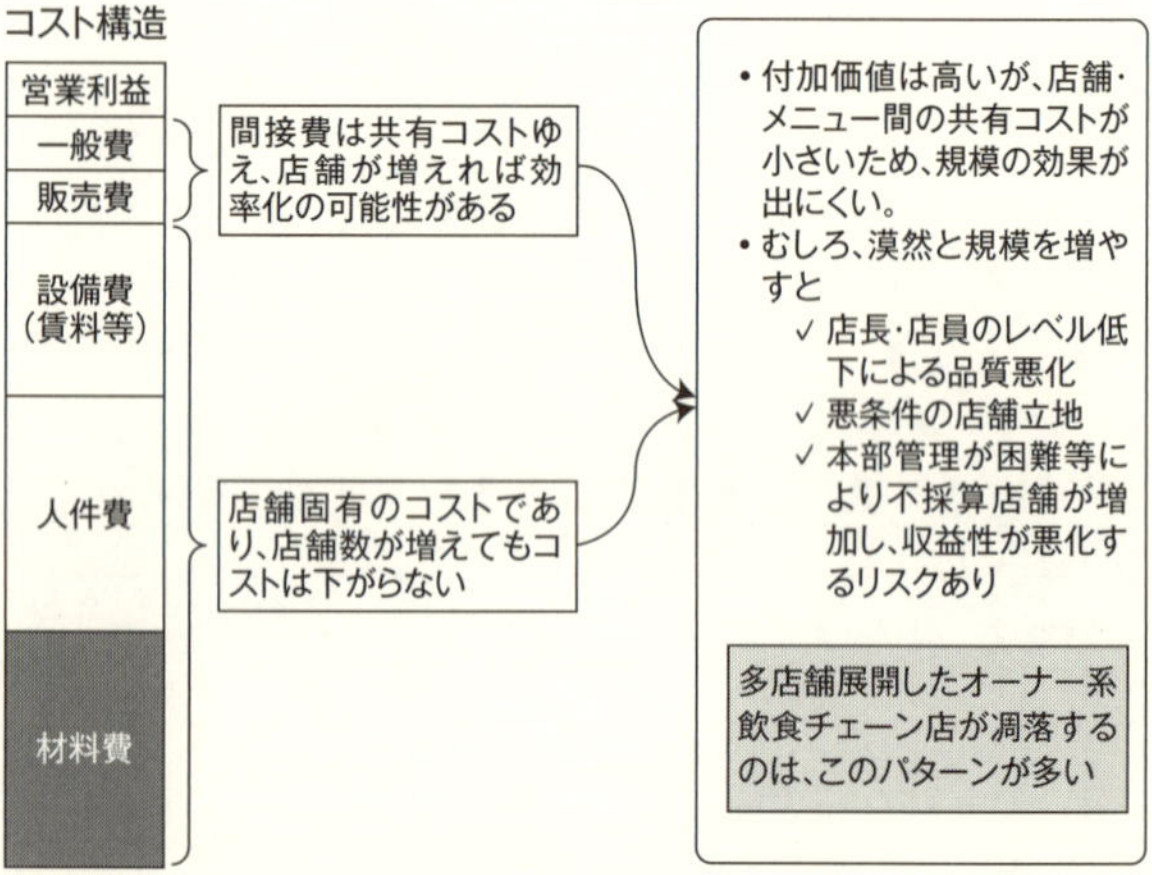

は、共有コスト（工場に関わる償却費や労務費）の割合が大きいため、規模の拡大が収益向上につながりやすいなど、異なるケースも存在する。A社の低迷の1つの要因は、自分たちのマネジメント能力を超えた、急激な店舗の出店とそれによる規模の不経済が働いた結果とも言える。

目標とすべきゴール・利益水準を決める

三村社長「それはそうだな。たしかにこのところ、自分たちの管理能力を超えた出店、業態開発をしてしまったかもしれない。もう一度、自分たちの身の丈に合った会社の規模に戻そう。ただ、そうは言っても我々には多額の銀行借入もあるし、店舗撤退には撤去・

原状回復などの費用も発生する。純資産や資金繰りも心配だ。自分たちの目指すべき企業規模、利益水準はどのように考えればいいのだろうか」

牧田「現在の債務に対して必要な利益水準を考えてみましょう。御社の有利子負債に対して必要なＥＢＩＴＤＡ（本業での稼ぎを示す指標としてよく使われる。簡易的に、ノンキャッシュ費用である減価償却費を加算する場合が多い）は5分の1程度です。まずは、その利益水準まで目指しましょう。その目指す過程の中で、必要な構造改革資金と純資産への影響を次に考えてみましょう」

ＩＧＰＩが事業再生計画を作るとき、「どの程度まで利益を確保する必要があるのか？」「改善する必要があるのか？」を最初に算出し、見極めを行なう。1つの目安として捉えているのは、借入金に対してＥＢＩＴＤＡが5分の1程度の水準だ。たとえば、100億円の借入金を抱えている企業に必要なＥＢＩＴＤＡの水準は20億円程度だと考えている。それだけキャッシュ・フローを生み出せれば、会社の存続、借入金の返済は可能な状態であり、実際、この利益水準を確保できるような事業再生計画を提示すれば、金融機関からの理解も得やすい。

図表13　目標に対して改善施策の積み上げ

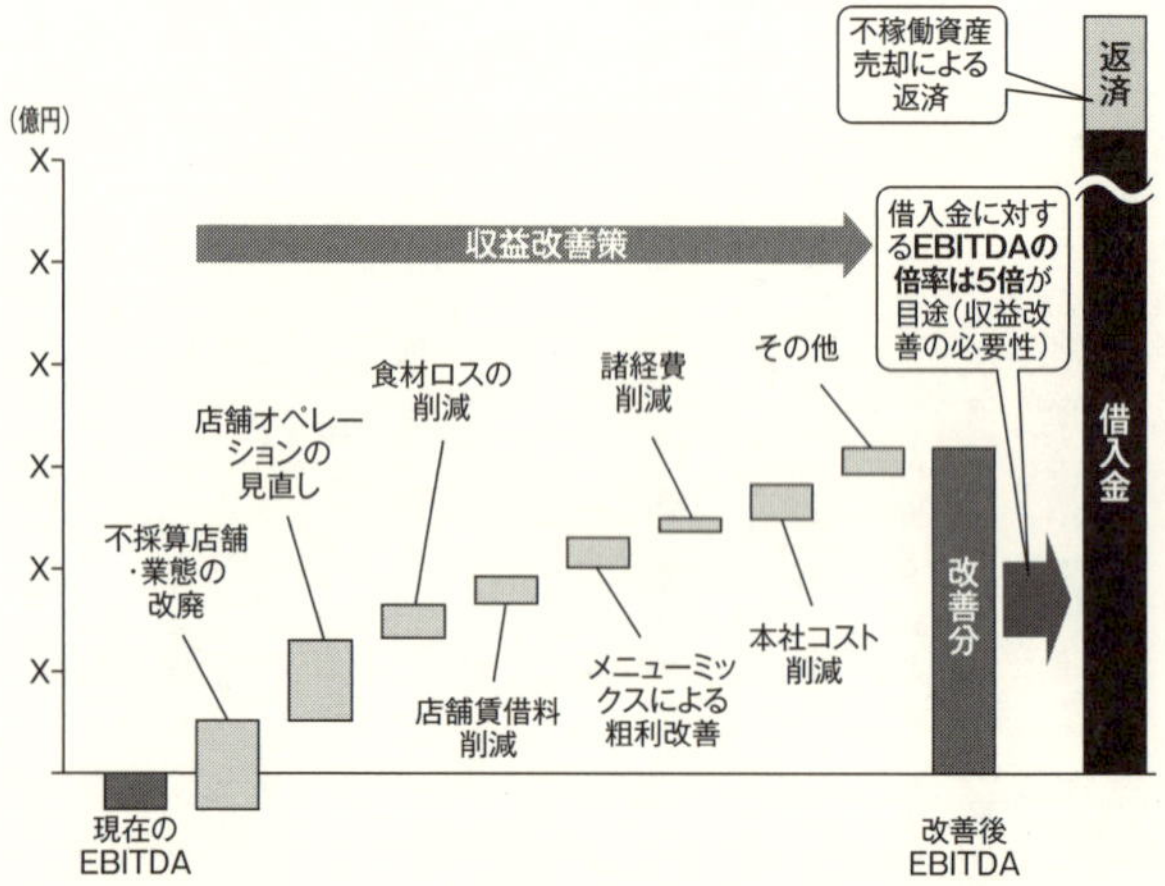

よって、IGPIが事業計画を作る際、とくに金融機関にも示すような再生計画を策定する際は、抱えている借入金をもとに、目指すべき利益水準を算出し、その目標に対して改善施策の積み上げ（図表13参照）を行なうといった検討のアプローチをとっている。このウォーターフォール型のフォーマットは、計画、施策の全体感を非常につかみやすく、目標への道筋を示す地図として非常に有用なフォーマットだ。

対象会社の付加価値に着目する

三村社長「かなり大きな収益改善が必要になるな。ずいぶん遠い道のりに感じるが、そんなことできるのだろうか？」

牧田「外食企業は一般的に付加価値が大きく、打ち手も多いので業績改善がしやすい業種です。この領域に対して、きっちり施策を打っていけば、業績は必ず改善しますよ。具体的にはコストの大半を占める、ＦＬコスト（Food & Labor コスト）、すなわち食材コスト、店舗人員のコストに関して手を入れていきましょう。その前段階として、赤字垂れ流しの店舗は切り離し、今後のコアとなる店舗・業態の見極めを行なったうえで、ＦＬコストを改善していきましょう」

ＩＧＰＩが業績不振企業に関与する際に、まずこの付加価値（売上－外部調達）の大きさに着目する。付加価値は、言い換えれば、自社内でコントロールできるコスト領域であり、この領域が大きければ大きいほど、業績改善の可能性は高い場合が多い（とくにサービス業や小売業）のである。

図表14を見ていただきたい。左から外食チェーン、産業材メーカー、家電量販、卸売業となっているが、見てわかるとおり、右方に行くにしたがって、付加価値が小さくなっている。この付加価値の大小によりアプローチも変わってくるが、サービス業や小売業では、この付加価値が大きいほうが、打ち手も多く、短期的なターンアラウンド（方向転換）

図表14　業績改善の可能性は低くなる

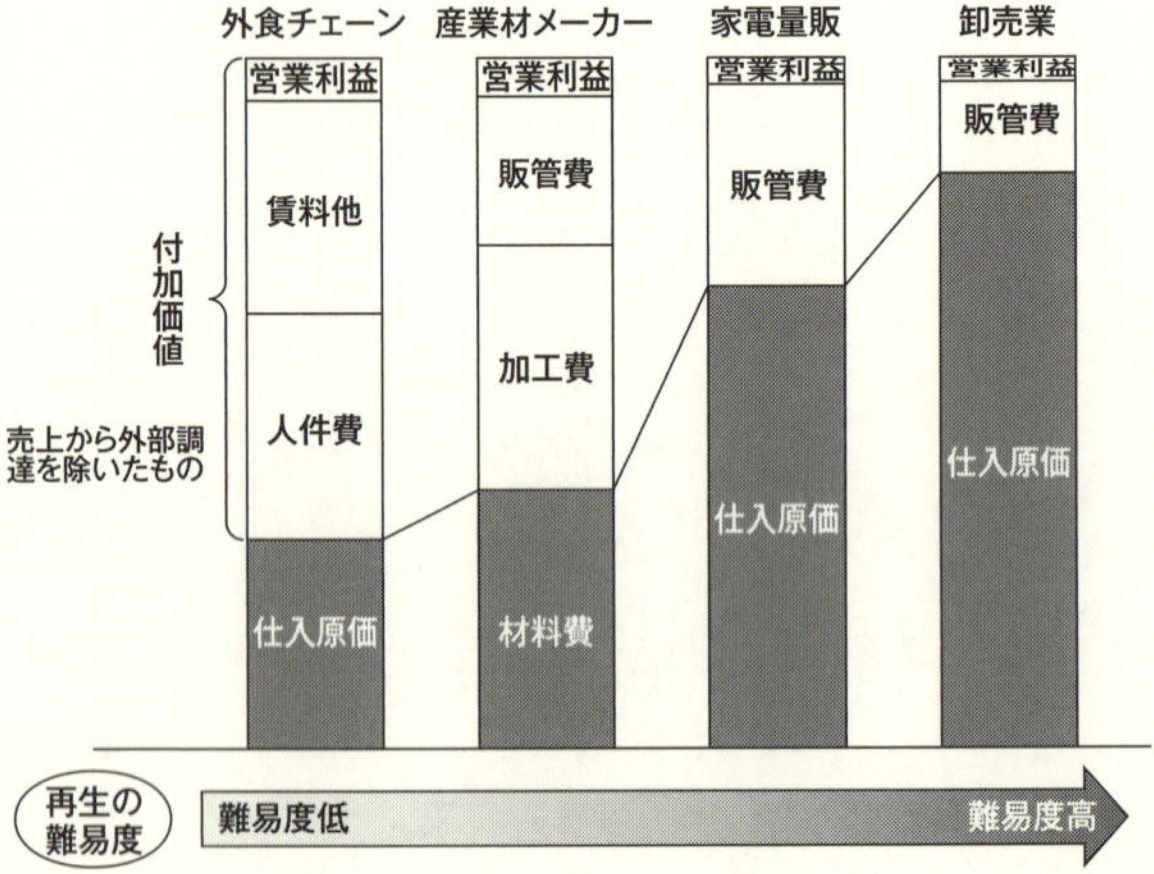

に成功する場合が多い。

よって、たとえば金融機関が融資先を見るときに、同水準の利益率の企業であっても、有事の業績改善のスピード感は、この付加価値の大小によりずいぶん異なるので、その点は留意したほうがいい。今回の事例である外食企業は、材料費の割合が30％程度なので、付加価値が非常に大きい。よって、繰り返しになるが、自分たちで打てる施策、コントロールできるコストの領域は非常に大きい。

企業再生では、まず、コストの引き算から入ることが定石だが、自分たちの努力と判断により引き算が可能となる領域を多く持っている企業は、再生の可能性も大きい。

逆にこの領域が少ない企業は、コスト圧縮

のためには、外部調達品の値下げなど、交渉事が絡む施策のため、不確定要素が強く、時間もかかることが多い。とくに、石油などの燃料系の費用は、外部要因や相場などにより価格が決まるため、一企業が交渉でどうにかなる話ではない。コストの中でこういった費用が大きい企業、もしくは、原油相場に依存して価格が上下するものを材料として扱っている企業の再生には、困難が伴うことが多いため、注意が必要だ。

生産性改善策を検討する――店舗人件費

三村社長「FLコストか……。ここは外食企業の肝であり、日常的に口を酸っぱくしてコストの引き締めを指示しているんだが……。まずは手始めに全店舗人件費を10％削減するように経営企画室から指示させるか……」

牧田「社長、こういった現場改善、オペレーション改善を、本部からトップダウンで指示しても、現場は動きません。むしろ、現場の苦労もわからずに、と反感を招くだけです。また、全店舗に対して同じように手を打つのではなく、濃淡をつけ、悪い店舗を中心にまず手をつけましょう。そのほうが効率的です」

図表15　近似曲線上に集約されるはずが、バラツキが見える

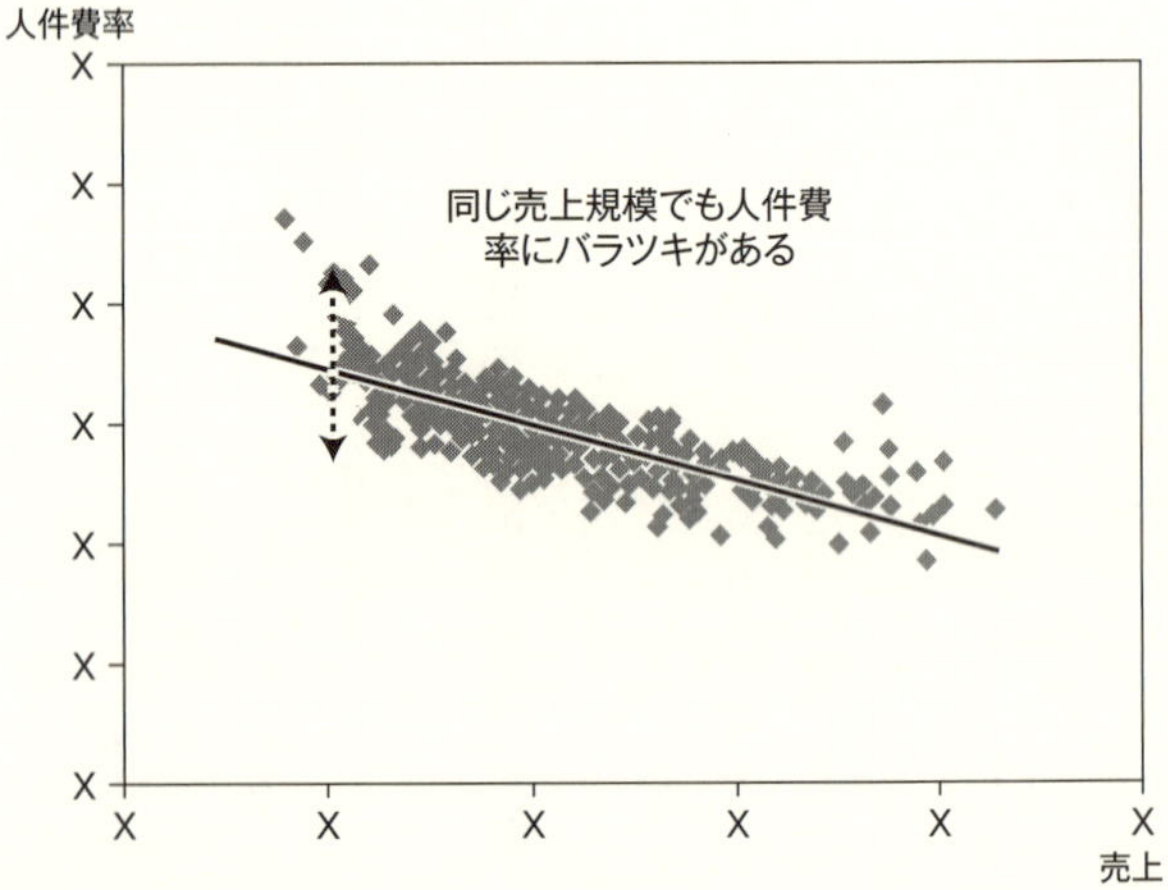

　これは外食企業に限らず、小売店でも同じことが言えるが、同じような業態でも人件費率にはバラツキが生じる。立地の制約や配送のタイミングなどで、この人件費率がばらつくことは多少あるが、本来はほぼ同水準のレベルであるべきだと考える。図表15は縦軸に人件費率、横軸に売上を置いており、各店舗の状況をプロットしている。本来であれば、各店舗の状況は近似曲線上に集約されるはずであるが、図表のとおり、かなりバラツキを見せている。実際、同規模の売上店舗の店でも10%以上人件費率に差が出ているのはざらだ。

　こういったオペレーションの課題や改善の必要性を現場に説いても、すぐに現場や店長

に受け入れられることは少ない。「これ以上人を減らしたら、パートの皆さんへの負担が増え、モチベーションが下がる」とか「うちの店舗は倉庫が遠いから、その分、余計に人が必要だ」とか、できない言い訳を、これでもかと列挙してくる。そのような場合、現場を説得するために必要なことは、シンプルに2つだ。

1つは、先ほどの表を見せながら、同規模の他店舗に比べ、自店舗の人件費の悪さを理解してもらうこと。これまで何度も、こうした説得の場に遭遇したが、他店舗と比較しながら、改善の必要性、ポイントを説明したほうが、断然、「他ができているのならば……」と腹落ちはしやすい。

もう1つは、計画を策定する人間が現場に入り込み、膝詰めで改善案を一緒に考えることだ。外食企業や小売業で言えば、毎日のシフト表を見ながら、具体的に人件費の削減箇所、要素をともに探してみることだ。

たとえば図表16のシフト表を見ると、ランチ前の午前10時の段階ですでに多くのパートさんを張っている。また、ディナーのときも、締めのときも、同様にピークタイムの2、3時間前から、ピークに備え人を張っている。これらは人員削減を検討しなくてはいけないポイントだ。こうした改善は1店舗、1日当たりで考えると、数万円のインパクトでし

図表16　シフト表からわかる人削減のポイント

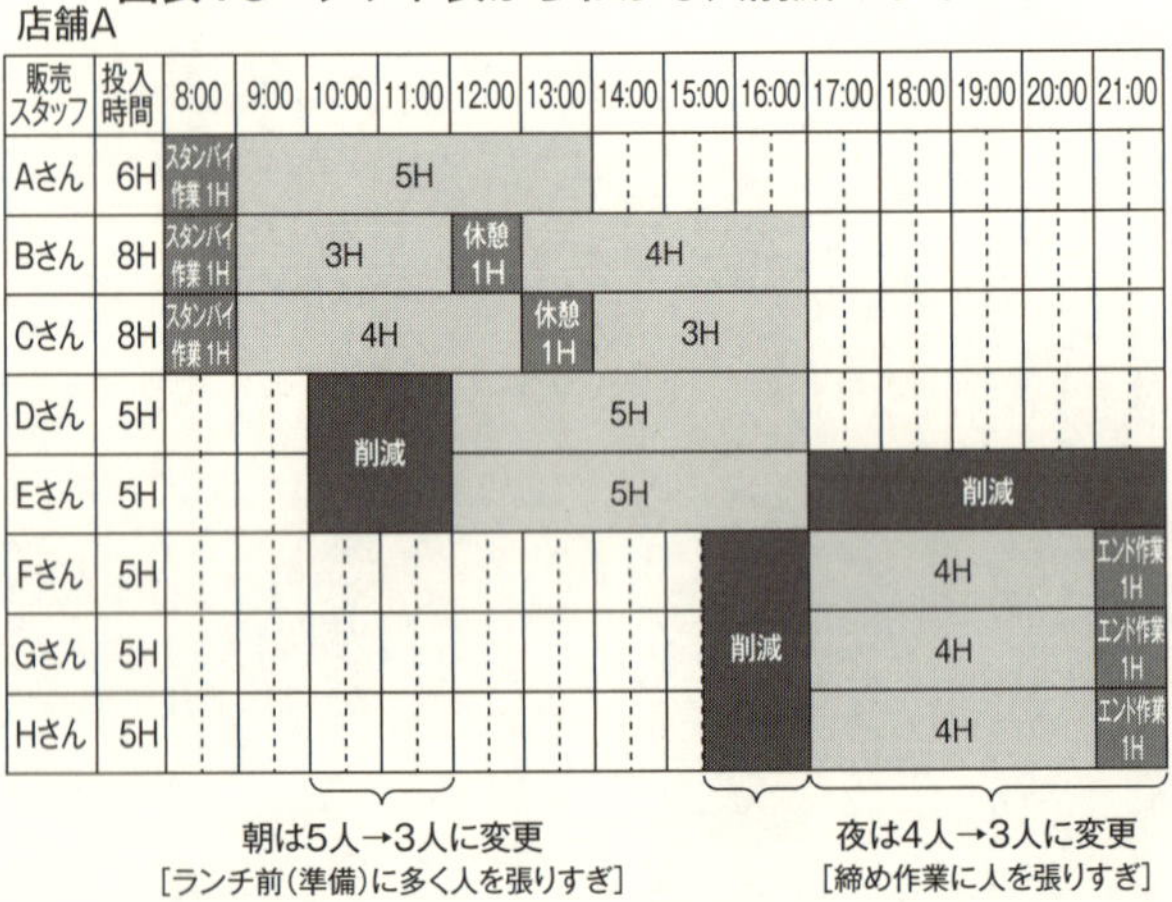

かないが、これが全店舗、年間に換算すると、数億円当たりの大きな改善につながることも少なくない。

　この本の読者の中にも学生時代に、レストラン、居酒屋でアルバイトを経験した方も多いと思うが、アルバイトの立場からすると、忙しい時間だけ入るのは、できれば避けたい。バイト料を考えると、忙しい時間の前から、できるだけ長く入りたいと思うのは当然のことだ。また、アルバイトで生計を立てている人からすると、バイト時間を短くされるのは生活に直結する大きな問題でもある。さらに、店長からしても、アルバイトが休んだときのリスクを考えると、少しでも多めに人を張りたがるのも理解できる。

ただ、アルバイトが要望するシフトをそのまま受け入れたり、休んだときのリスクを考慮しすぎると、当然のことながら人件費は上昇する。店長は、こういった問題と店舗の収益性の最善のバランスを常に追い求めなくてはならないし、他方で計画を策定する側は、店長や現場の悩みを理解する必要がある。

外食企業に限らず、本部と現場で、計画の内容のコンセンサスがうまくとれないといった問題によく直面する。本部は、「現場は今の会社の窮状を理解していない」と言い、一方で現場は、「本部は現場の苦労がわかっていない」と言ったりと、同じ目標を持つべき両者の距離が離れている状況を頻繁に見かける。小売・サービス業の世界で、収益改善、ターンアラウンドのためには、継続的な生産性向上、オペレーション改善が必須だ。そのためにも、計画策定をする側は、これまで以上に現場へ深く入り込み、巻き込みながら、収益を妨げる要因をきっちり見極め、除去する努力が必要である。

少し話題は変わるが、現在、日本の企業の９割近くが、小売・サービス業等の非製造業に属していると言われている。昨今のアベノミクスに伴う円安の効果を享受している企業は、ごく一部のグローバル製造業で、その他多くの非製造系の企業は、特段恩恵を受けていないように見受けられる。今後、少子高齢化がより進み、市場も縮小、人手不足も加速する中で、これら企業群がきっちり収益を出すためには独力での生産性の改善がより強く求められることになる。

生産性改善策を検討する——食材コスト・メニューミックス

三村社長「たしかに、うちの会社も規模が大きくなるにつれ、本社、管理側に現場を知らない、頭でっかちな人間が増えてきた。そういったことが、うちの会社のオペレーション力を落としてしまったのかもしれない……。次はフードコストに着手しよう。うちは食材のコストがかかりすぎているし、手間もかかりすぎている。思い切って、食材を安価なものに切り替えたらどうだろうか?」

牧田「社長、それではお店のレベルが下がり、お店のファン、固定客を失うことになります。お客様の満足度と会社の収益がバランスよく取れる、メニューのポートフォリオ、メニューミックスを考えていきましょう」

すべての業界・業種に通じることだが、外食企業もご多分にもれず、メニューのポートフォリオ・ミックスの考えは、非常に重要だ。「どこで儲けを出し、どこでお客様の満足

図表17　メニューのポートフォリオ・ミックス

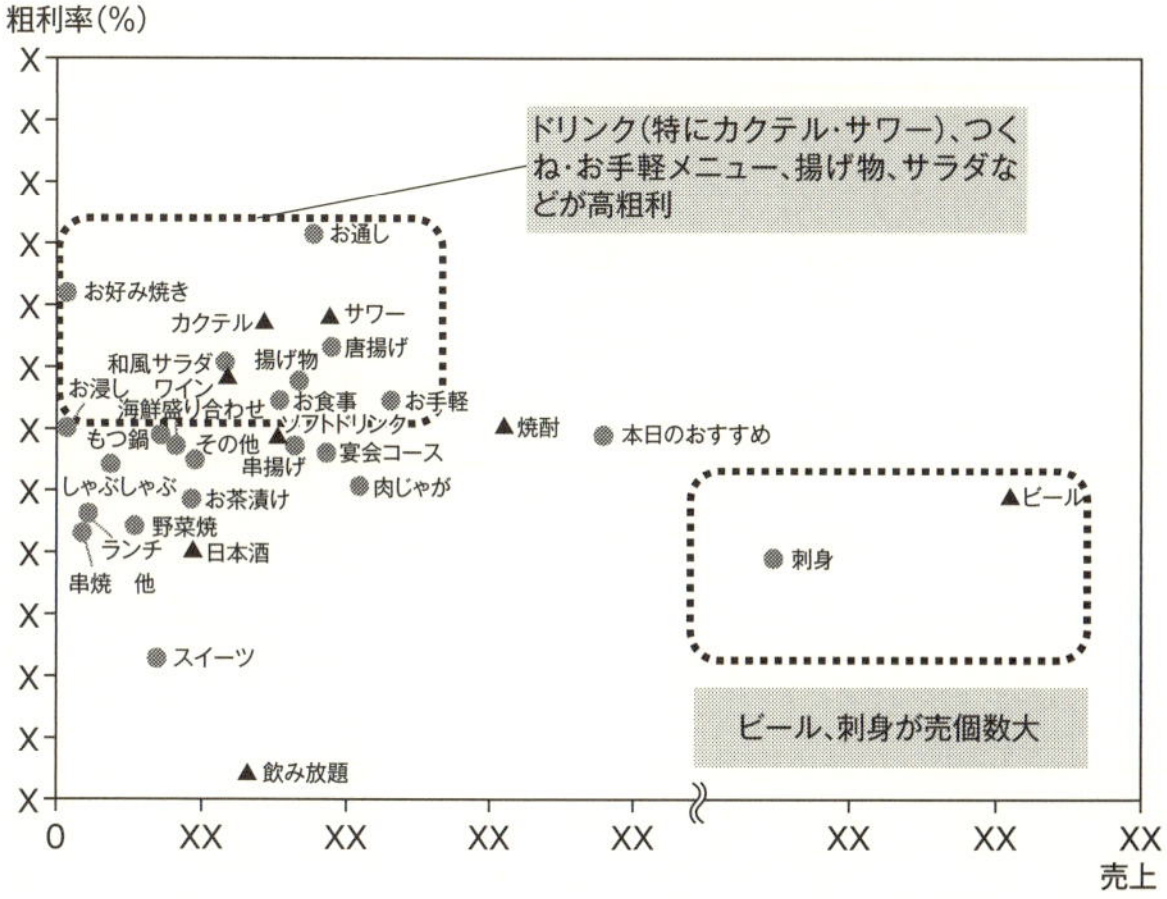

度を獲得するのか」は、その外食企業・業態の戦略の骨と言っても過言ではない。

図表17を見てほしい。この分析からだけでもいくつかの打ち手が見えてくる。高粗利だが、売り個数が少ない商品、たとえばつくねに関しては、メニューの見せ方、ＰＯＰなどで販促し、一方でお客様から人気のある串焼き鳥の盛り合わせなどは、品質を落とさず、売り個数を前提に仕入単価引き下げを交渉するか、フード以外の設備費などの抑制でその分の利益を確保するなどである。

施策の優先順位をつける

三村社長「よしよしわかった。うちの会社には改善余地がたくさんあるということだな。まさに濡れた雑巾だ。これをいい機会と捉え、すべてのエリアで改革に取り組もう。明日にでも全幹部を呼んで大号令を出そう」

牧田「社長、改革をどんどん進めていくのは大賛成ですが、他方で、『あれもこれも』とやっていくと、結果的に『あれもこれもできなかった』となりがちです。限られた人員と資金を考慮しながら、今は何をやるべきなのか？ 優先順位をつけていきましょう」

施策の優先順位の軸は、対象会社が置かれている状況によって異なる。たとえば、再生フェーズで2カ月後の資金ショートに直面しているのに、3年後に効果が出る施策に重点を置いていたら、効果が出る前に倒産してしまう。

怪我をして出血しているのであれば、まずやるべきことは絆創膏を貼ることで、体質改善に向けて漢方薬を飲むことではない。それと同じように、営業活動であれば、まずは足元の売上や現金回収に力を注ぐべきだ。そのうえで、次の活動に進むことを考えなければならない。事業計画の策定の際は、置かれている状況に対して、優先順位をつけながら、統合的に施策展開シナリオを作っていくことが重要だ。その際のポイントは、社長を含め社員の中で、会社の現状に対する共通認識を持つことだ。資金繰りに追われ青ざめている財務、状況をよく知らない営業、生産部が、計画の話をしてもまったくかみ合わないというのはよく見かける光景だ。計画の優先順位をつける際には、まずその前提となる会社の状況を、関係者が冷静に把握しておくことが非常に肝要だと考える。

売上はシビアに見込む

三村社長「目標の収益に少しずつ近づいてきた。不足する収益は新規出店で埋めたいと思うがどうだろう？」

牧田「社長、お考えはわかりますが、まず目標とすべき利益は、確実に達成できるコスト系の施策で埋めましょう。また、新規出店に関しては、出店数ありきではなく、きっちり収益が上がり、投資が回収できる出店に絞りましょう。これまでのような戦略不在・投資基準不在の出店を続けていたら、即、また元の状態に戻ってしまいます。もう一度新規出店基準の見直しと運用を考え直しましょう」

よくある構造改革の失敗は、売上の予測を楽観的に立て、その売上を前提に、中途半端に固定費の圧縮をするパターンだ。たしかに売上を積み増すのは、計画を作っている立場からすると、気持ちよく、営業マンの士気は上がるのかもしれない。ただ、その結果、売上は未達成、中途半端に多い固定費が足を引っ張り業績が改善しない状況では、構造改革は無駄骨に終わってしまう。

本事例のような外食企業の場合、新規出店は、立地場所の選定などを含めて不確定な要素が非常に強く、加えて前述のように外食企業は分散型に位置づけられ、個店ごとの収益管理が非常に重要だ。

新規出店を否定はしないが、店舗数ありきの新規出店や、その出店を前提とした本社体制や管理コストで走ってしまうと、一歩間違えれば、不採算店舗のさらなる増加と、固定費負担増のダブルパンチになりかねない。実際、A社はそのような負のサイクルの中で、会社が窮境に陥ってしまった。このような楽観的な計画の作り方は、再生フェーズ、とくに金融機関へ協力を求める必要があるフェーズの際は、絶対に避けなくてはならない。

まず、売上予測は非常にシビアに見ること、そしてその数値を前提に、販管費・間接費の削減、状況によっては人員のリストラクチャリングをすること。本事例で言えば、売上は「不採算店舗撤退後の既存店の売上＋確定した新規出店」とし、その数値を前提に固定費の圧縮をしなくてはならない。この売上を非常に冷静に、シビアに見ることは、再生計画策定の中で絶対に守らなければならない鉄則である。

そして、当然のことであるが、施策の順番は「固定費圧縮→不採算店舗撤退」としなくてはならない。この順番を逆にすると、売上は落ちているのに、固定費が残っている状況となり、収益が大幅に悪化するので注意が必要だ。

計画のチェック・牽制機能を構築する

三村社長「計画、施策はほぼできあがってきた。売上は落ちるが、これなら確実に利益を確保できそうだし、金融機関からの理解も得られそうだ。後は実行するだけだな」

牧田「そうですね。施策の責任者と今後のモニタリング体制はしっかり決めましょう。その中で、とくに投資・新規出店の基準と運用ルールは、きっちりワークさせる必要がある。また、業績が低迷した店舗に対する撤退基準も明確にしなければならない。これまでのようにリニューアル投資を繰り返し、傷を深めるようなことをしていたら、いつまでたっても借入金は減りません。いずれにしても、これまでのように、社長の鶴の一声で新規出店という会社の体質を刷新し、場当たり的な出店活動から戦略的な出店活動に切り替えていきましょう」

三村社長「そうだな……。今回の窮境に陥った責任は私自身にあるのを今一度、戒めとしなくては……」

店舗の新規出店の是非を評価する項目は、定量的には店舗工事費用などの投資額や賃料等のランニングコスト、それに対して見込める売上、客数、利益、投資回収期間、定性的には近隣駅のタイプ（ハブ駅、商業駅等）、その駅から視認性や動線、商圏の規模（昼間、夜）・構成等、数多く存在する。

この中で重要な指標の1つは投資回収期間だが、この指標は恣意的に操作されることもあり、注意が必要だ。たとえば、社長が望む新規出店、もしくは取引先から紹介され、商売の関係上、進めたい案件などは、売上、利益の見込みを楽観的にし、出店基準をクリアさせることも多い。そういった案件が、うまくいけばいいが、収益が上がらず、短い期間で減損、もしくは投資を回収できず撤退に追い込まれる事例を我々もよく見てきた。

このように評価・判断をより厳格に運用するためには、社内だけではなく、外部の人間、たとえばコンサルタントや取引金融機関にもチェックさせるような仕組みを作ることも有効だ。

計画のモニタリング体制を構築する際に、メンバー構成には、非常に気を遣う。会社の特徴、社長、幹部層の性格、人間関係やパワーバランスなどを考え、ワークするモニタリング・牽制体制を構築するようにしている。たとえば、社長が独善的で突っ走るタイプで、かつ幹部層がそれを止めるのが難しそうであれば、外部の人間、たとえば、金融機関の方を牽制役としてモニタリング体制に入ってもらうようにする。

勝ち続けるために継続性を確保する

2年後……

三村社長「この2年間、社員のみんなのがんばりや牧田さんのアドバイスのおかげで、当初の計画以上の業績回復を達成できた（図表18参照）。この業績を背景に金融機関との関係も正常化しつつある。2年前はどうなることかと思ったが、ホッとしたよ」

牧田「そうですね。ここまでうまくターンアラウンドできてよかったですね。ただ、外食企業の場合、外部環境の変化・競争も厳しいので継続的な引き締めが必要です。また、業績が安定して社員の気が緩みだすと、店舗のオペレーションはすぐに悪化しますので、緊張感は引き続き持っていきましょう」

図表18　当初の計画以上の業績回復を達成

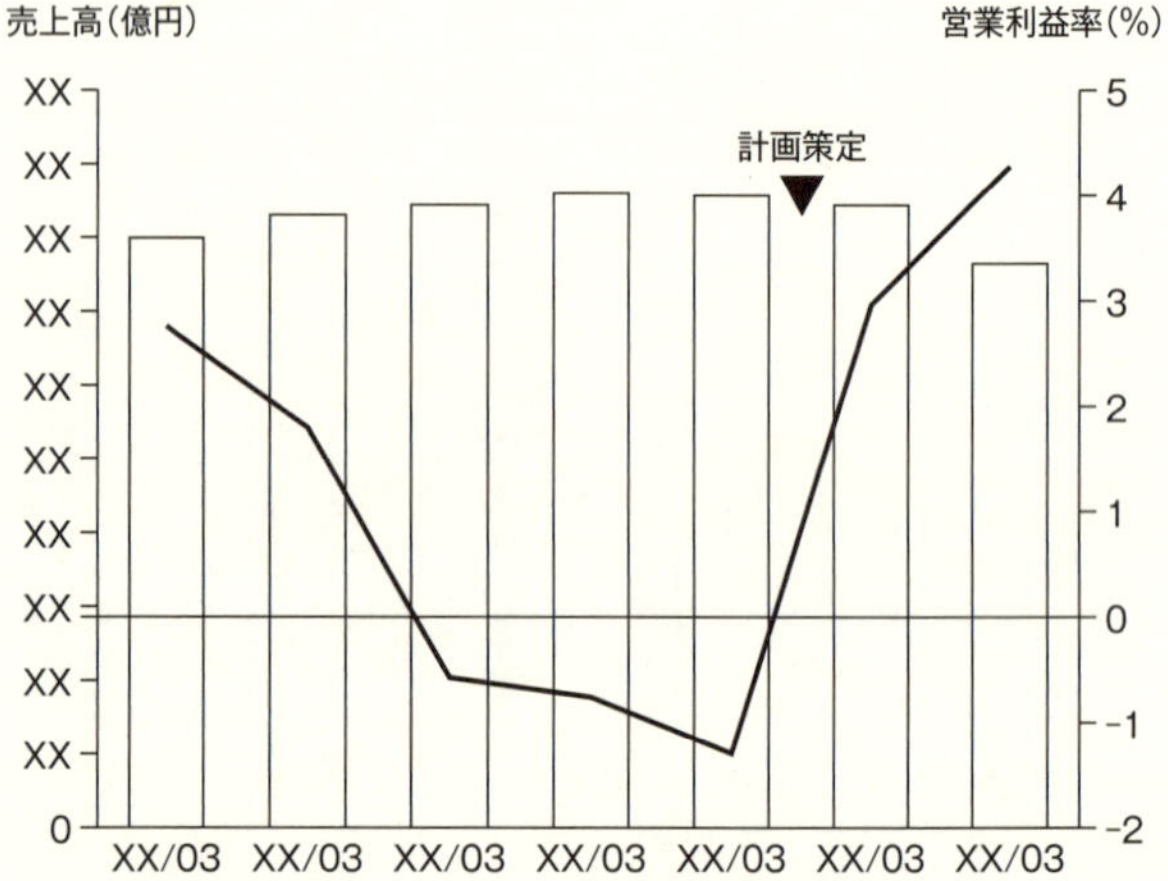

外食企業は、前述のとおり付加価値が大きく、パートの人件費のように、明日からでもコストコントロールできる項目も多いため、再生のスピードは非常に速い。ただ、この業界は流行の移り変わりも非常に速く、競争も非常に厳しい。ある業態の人気が出れば、翌月には同じような業態の店舗を競合他社が出していることも少なくない。

また、店舗のシフトや人件費のように、現場や店長には常日頃からの緊張感が求められる。そのため、会社全体の業績改善に伴う気の緩みにより、すぐに元の状態に戻ってしまうこともある。実際、ＩＧＰＩが過去に関与した外食企業では業績がＶ字ではなく、Ｗ字となってしまった企業も存在した。

そして、当然のことではあるが、外食の基本の基本はＱＳＣ（品質：Quality、サービス：Service、衛生：Clearness）の向上だ。そのためには、接客レベルを磨き続け、ニーズに対応した第2の矢、第3の矢のメニュー改定・ブラッシュアップをやり続ける必要がある。「形だけの接客」や「代わり映えしないメニュー」を続けていると、すぐにお客は離れていく。お客との接点である店舗、現場を活気づけるためには、トップからのメッセージが非常に重要だ。

いずれにしろ外食は浮き沈みが激しい。勝ち続けていくためには、ニーズの変化に対して、新たな矢を放ち続ける事業基盤と、継続的な生産性向上の取り組み、ＰＤＣＡ、加えて現場を活性化し続けられるトップの声が必要だ。

IGPI流チェックポイント6

成功する計画と、そうでない計画の分かれ目は、どこまで細部にこだわっているかだ。神は細部に宿るというが、その言葉は計画策定にも当てはまる。

7 計画策定事例②——機械製造業の事業再生

製造企業B社は、創業数十年を超える老舗の機械メーカーである。売上は1000億円を超え、業界内の知名度は高く、安定した顧客基盤をもとに、これまでは高い収益率を確保してきた。ただ、この数年、新興国メーカーとの価格競争や、顧客側のサプライヤーの集約化などの流れにより、売上の下降、単価下落が続き、この数年は収益性が大幅に低下していった。

業績不振の要因は何か

晃林社長「うちの会社は、工場を見れば、稼働はパンパンで、皆忙しそうにしている。業界的にも市場は上向きと聞いており、実際、各社の業績は好調だ。なのに、我が社の利益は下降線をたどり、ボーナスもろくに払えない。これでは、骨折り損のくたびれ儲け

図表19　利益が下降線をたどる

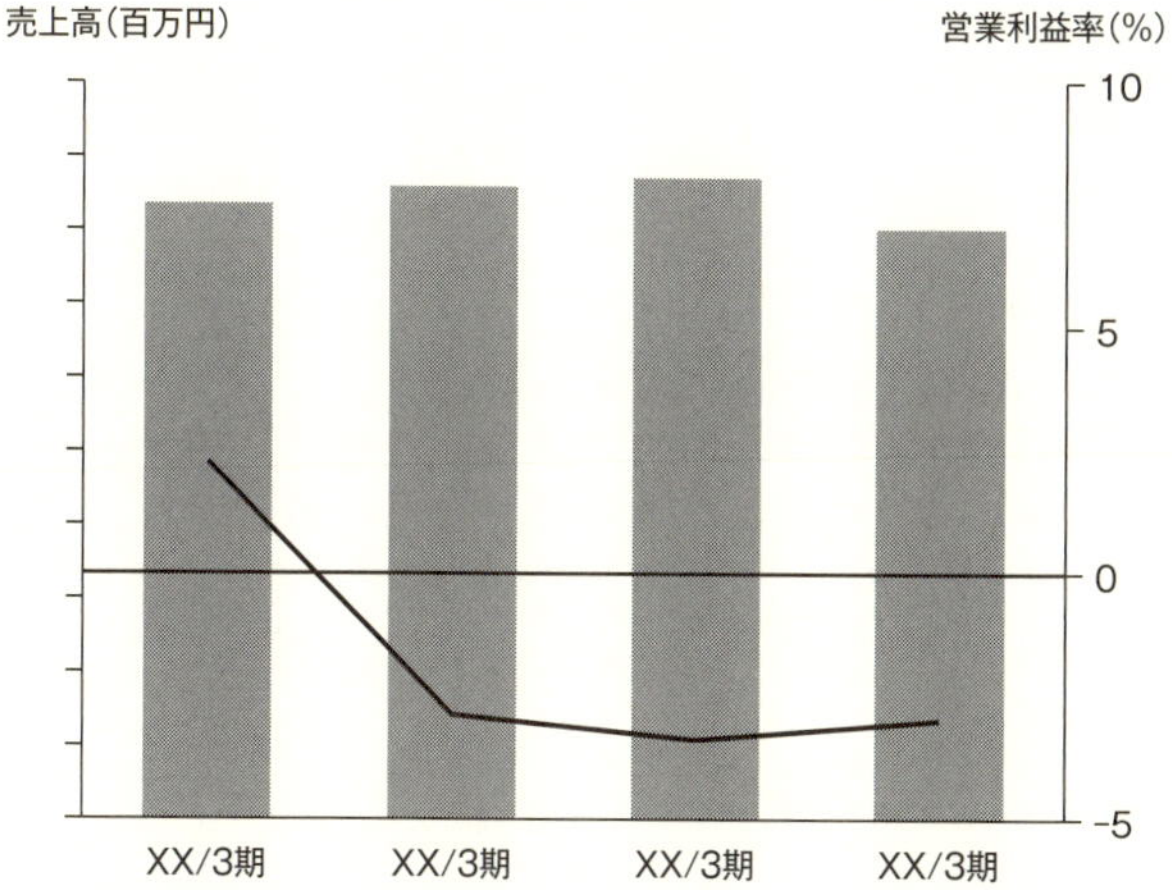

だ。いつからこんな状況になったのだろう（図表19参照）。もっと単価を下げて、受注を増やし、機械の稼働をドンドン上げなければいけないのではないか」

コンサルタント早田「社長、せっかく投資した設備をできる限り使いたい、稼働を上げたい気持ちはわかりますが、設備稼働ありきで安値受注していては、いつまでたっても黒字化しません。このままでは会社の体力、純資産は年々毀損していきます。また、これまでのように、幅広い事業展開、御用聞き営業スタイルでは、社内の経営資源が分散し、B社の強みも薄れていく一方です（図表20参照）」

図表20　社内の経営資源が分散し、強みも薄れていく

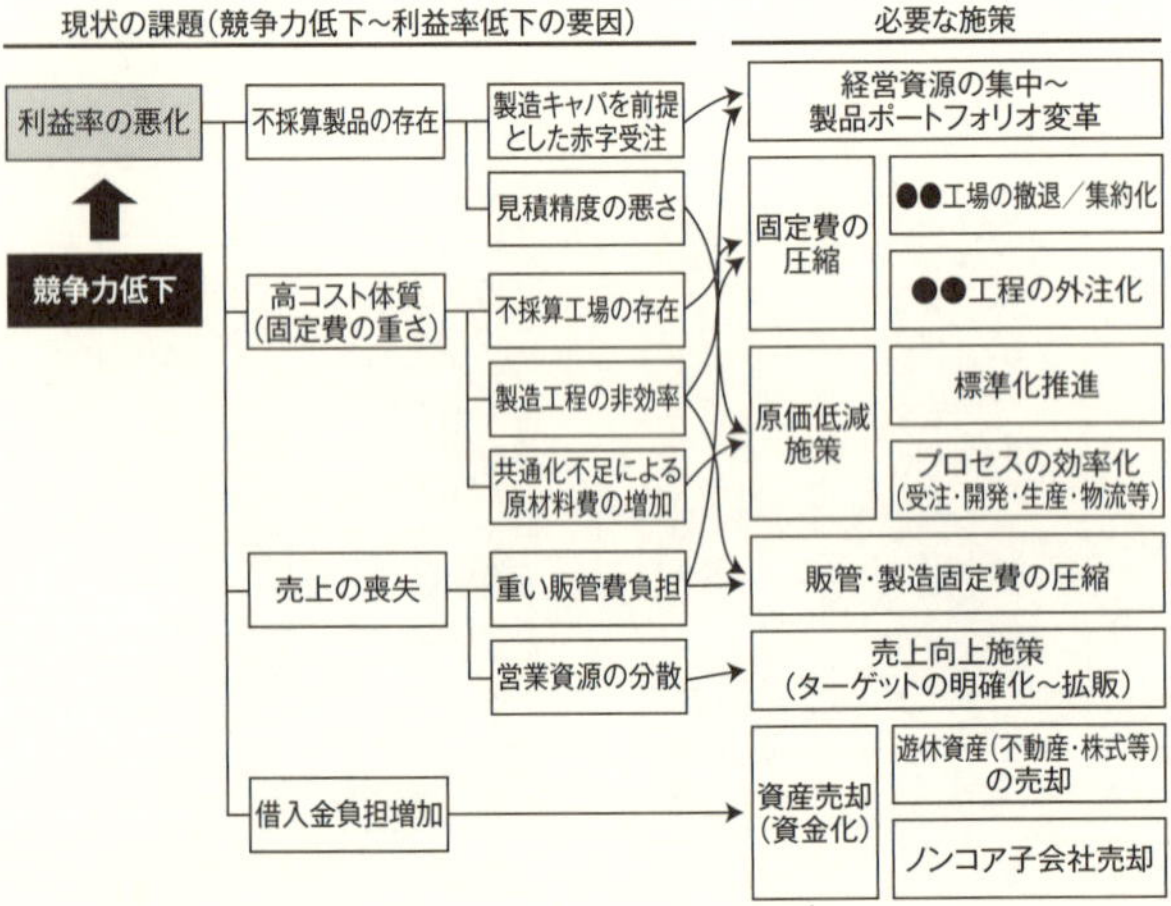

「限界利益が出ているから、案件を受注する……」、この言葉は売上を取りたい営業サイドにとっても、工場を稼働させたい製造サイドにとっても、非常に都合のいい言葉だ。我々もこれまで、「限界利益が出ているなら受注すればいいじゃないか」という発言を何度も聞いてきた。

たしかに、限界利益が出ていなければ話にならないが、他方で、限界利益だけを追いかけても、当然のことながら、会社の体力は失われていくばかりだ。

また、幅広い製品展開や御用聞き営業スタイルも業績不振製造業の特徴の1つだ。付き合いの長い顧客に振り回され、不採算受注を引き受けさせられる、もしくは顧客の言葉を

真に受け、「今回の受注は先行投資……」などと楽観的に考え、回収できないコストや不採算製品が増え続けるといった事例は枚挙に遑《いとま》がない。

戦略のない受注や製品開発を続けていると、いずれは工場の生産性の悪化や、自社の経営資源の分散化につながり、ひいては、会社の強みや収益力の喪失といった事態を招くこともある。ターンアラウンド計画を策定するに際には、そういったことも含めた収益力低下の根本的な要因の把握とそれに対する対策、具体的には、まず自分たちの強みの再認識と今後のコア事業・製品の見極めが必要だ。

コア・ノンコアの見極め、言い換えれば、事業の撤退、製品の撤退を検討するためには、判断するための材料集めが、当然ながら必要だ。ただ、その材料集めは容易ではないことが多い。

製造ロスや追加費用も含めた実原価ベースで、「何が儲かっていて、何が儲かっていないのか?」「直接営業費用を配賦した場合はどうか?」といったところまで把握している企業は非常に少ない。ましてや、製品のライフサイクルを通じたコスト（複数年の製品の企画から開発設計、量産、アフターサービス）まで把握している企業は本当に稀だ。

そのために、「何となく、あの製品は赤字かもしれない」といった推測ベースの議論に終始し、ずるずる赤字製品を引きずる光景は、多くの企業で見られるのではないだろうか。

ただ、教科書的にすべてのコスト検証ができればいいが、実際はなかなかそうはいかない。とくに、再生フェーズのように、時間と資金に追われている中では、なおのことだ。資金ショートが目の前に迫ってきているのに、製品のコスト検証に数カ月かけている余裕はない。

その場合、ある種の割り切りがとても重要だ。手元にある情報で、一定の仮定を置いて採算性の検証をする。データがない箇所は、一定の仮定とロジックで計算をしてみる。そういった計算によって、100点満点のコスト試算は無理かもしれないが、60〜70点の精度は確保できる。

70点の精度があれば、「何が収益の源泉で、何が収益の足を引っ張っているのか?」「今後、何をコアとしていくべきなのか?」の判断をするには十分だ。どれだけ、精緻に分析しても、ノンコアのものはノンコアで、それがひっくり返ることは少ない。

当然のことながら、将来のことを考えれば、原価の見える化の仕組みの構築は、非常に重要だ。ただ、その仕組みがないから、コア・ノンコアの見極めができないとか、判断ができないといった考えは、決断を先送りしたいがための言い訳にすぎない。まずは手元にあるデータを最大限活用してみる。そこから意外に多くのことが見えてくるはずだ。

工場の集約化と原価低減施策を検討する

晃林社長「たしかに、操業を優先して受注を取ってきた結果が今の体たらくだ。わかっていても、これまで苦労して作り上げた工場設備を遊ばせておくのは耐えられなかった。その不安、焦りが闇雲な受注活動につながったのも事実だ。この悪いサイクルは、ここで止めなければいけない」

早田「そうですね、この負のスパイラルを止めない限り、会社の未来はありません。ただ、コア事業を絞り込んだだけでは会社の業績は回復しません。そのコア事業をどう磨き上げ、どう生産性を上げるかが本当の勝負です。そのために工場の集約化などを含めた抜本的な絵姿を考えていきましょう（図表21参照）」

生産性向上に向けた取り組みの中で、工場の集約化は肝になる事項の1つだ。ノンコア

図表21　コア製品の売上向上

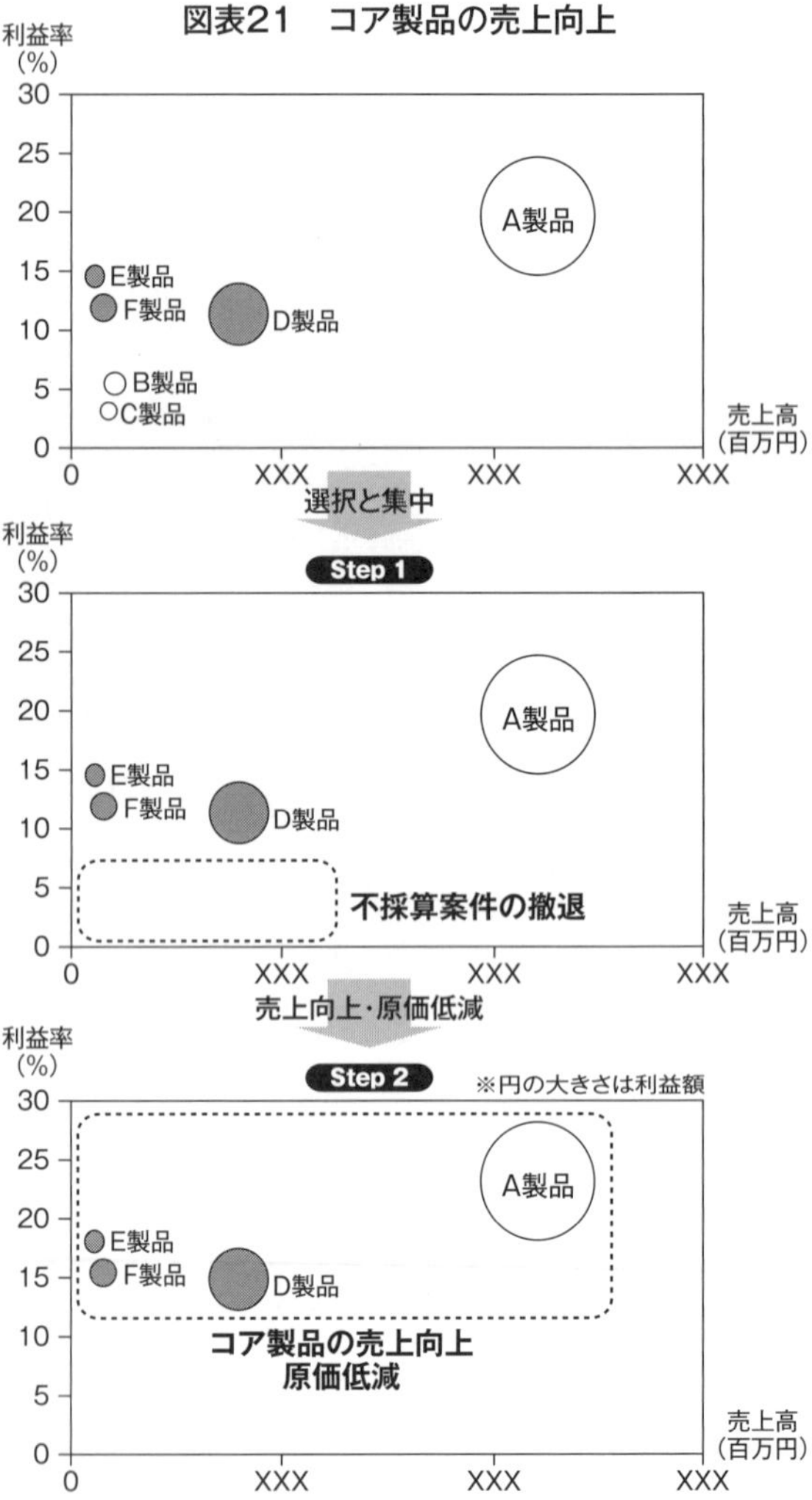

製品を切り離すのであれば、当然のことながら、それに関わる固定費は削減しなければならない。ただ、それぞれの工場やラインで作っている製品や機能が明確に分かれていれば話は早いが、実際は工場間での横持ちなどの存在や、同じラインで複数の製品を製造していたり、もしくは特定の工場でしかない加工設備が存在したりと、集約化の絵を描くためには、複雑に絡み合った糸をほどく作業から始めなければいけない。そして絡み合った糸をほどき、効率的な生産体制を構築するためには、移設作業などの莫大な費用が発生するし、顧客との関係によっては、転注先の確保も必要になる。撤退工場の労働者のリストラも頭が痛い問題だ。

そういった、問題をクリアしながら、これまで以上に生産性が高い工場体制を作らなければならない。集約化に伴い労務費や減価償却、その他製造間接費がどの程度削減され、PLにいつからどうヒットするのか？　その効果は移設費用や納期遅延のリスクを背負ってまでやる意義があるのか？　詳細なシミュレーションをしなくてならないが、他方で、さまざまリスクを考えすぎて、中途半端な集約化プランを立てると、後々の障害になる。これまで数多くの企業再生の現場に立ち会ってきたが、原理原則、大きな構造改革は１回でやり切らなければならないと感じている。楽観的な市場、売上の見立てをもとにした中途半端な構造改革やリストラは、2次災害のもとだ。「中途半端な構造改革→ターンアラウンドせず→追加の構造改革」といったように、構造改革を2年に一度の行事化をしているようでは、現場のモチベーションや会社の体力を喪失させる。慎重な検討をしつつも、冷徹な目で思い切った手を打つ必要がある。

原価削減に関しては、さまざまな手法が語られているが、我々が経験した中で、直面する課題の多くは、各部署間、とくに営業と製造の連携の悪さからくる問題だ。たとえば、営業からの受注情報が曖昧、もしくは遅いため生産計画やリソース計画が精密に立てられない。それにより、工場での段取りの手間や稼働の繁閑の発生、残業代の増加、ボリューム調達・生産ができない、外注費用が高くなる（特急発注のため、言い値になりがち）等々、計画の曖昧さに伴うコスト増は甚大なものになる（図表22参照）。

では、連携を取ればいいじゃないかというが、そう簡単な問題ではない。ある会社では生産出身の社長が会議の場でひたすら営業の役員を攻めて、生産と営業の溝をさらに広げたり、また別の会社では生産本部長と営業本部長を同じ会議の席につけるだけで一苦労したことがある。顧客のニーズに応えてあげたい営業と、キッチリ生産計画、納期どおりに物を納めたい生産では、どうしても利害が反することが多い。ただ、その利害が一致しな

図表22　計画の曖昧さに伴うコスト増

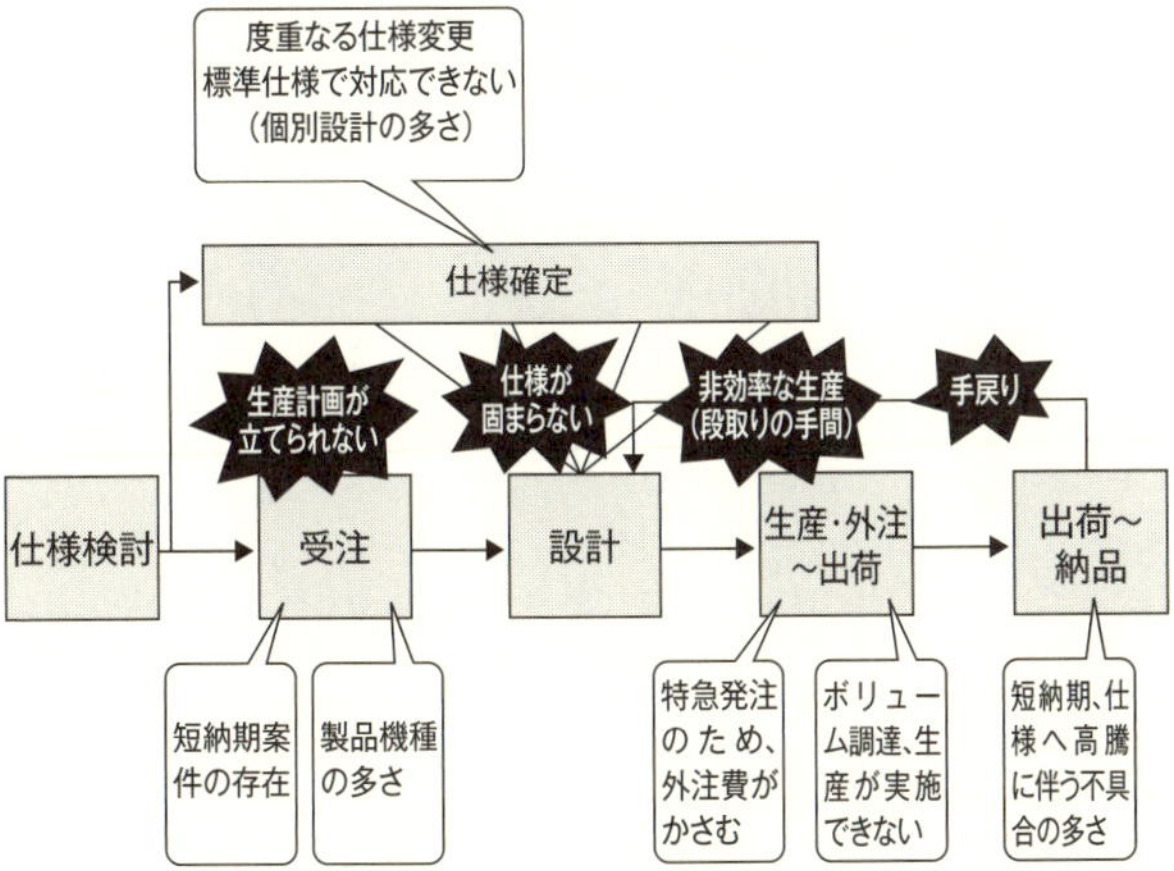

い中で、関係部署が切磋琢磨しながら摺《す》り合わせを行なうことが、生産性向上には非常に重要だ。

リストラを行なう

晃林社長「ここまで事業を絞り込んで、生産性の改善ができたら再生も前に進みそうだ。全社員一丸となってこのプランを進めたい」

早田「社長、事業の絞り込みや生産性改善だけでは、収益は上がりません。併せて、固定費、とくに人員のリストラを考えていかなくてはなりません。痛みを伴う作業ではありますが、ここをやり切らないと、収益上のターンアラウンドは見込めません。また、社員に痛みが伴うのであれば、社長自身も何かしらの責任、ケジメを見せる必要があります」

人員のリストラは、構造改革の際に必ずと言っていいほど発生する。痛みを伴うが、ここを乗り切れないと、営業収支の改善は見込めない。一般的な製造業でのリストラ検討ステップは以下のとおりだ（図表23参照）。

通常はコア・ノンコアを見極め、今後のコア事業に関わる売上見込みを算出する。それに対して、今後の生産性改善などを勘案した必要人員を算出する。その中で、仮に各部で余剰人員が生まれた場合は、他部への配置転換などで吸収できないか検討する。それでも難しい場合は、希望退職を募集する。この際、よくある失敗は、最初のコア・ノンコアの見極めや、売上見込みを甘くする、もしくは楽観的に見積もることだ。前述の内容と繰り返しになるが、楽観的な見立てをベースにした固定費削減、人員削減は非常に危険だ。痛みを伴う作業だからこそ、思い切った踏み込みが必要である。「良薬は口に苦し」というように、効果がある打ち手、施策には痛みやリスクが伴う。ただ、その点を恐れていたら何も前に進まない。

その際に、重要なポイントは経営陣を含めた幹部層の責任の取り方だ。現場レベルの人

図表23　製造業でのリストラ検討ステップ

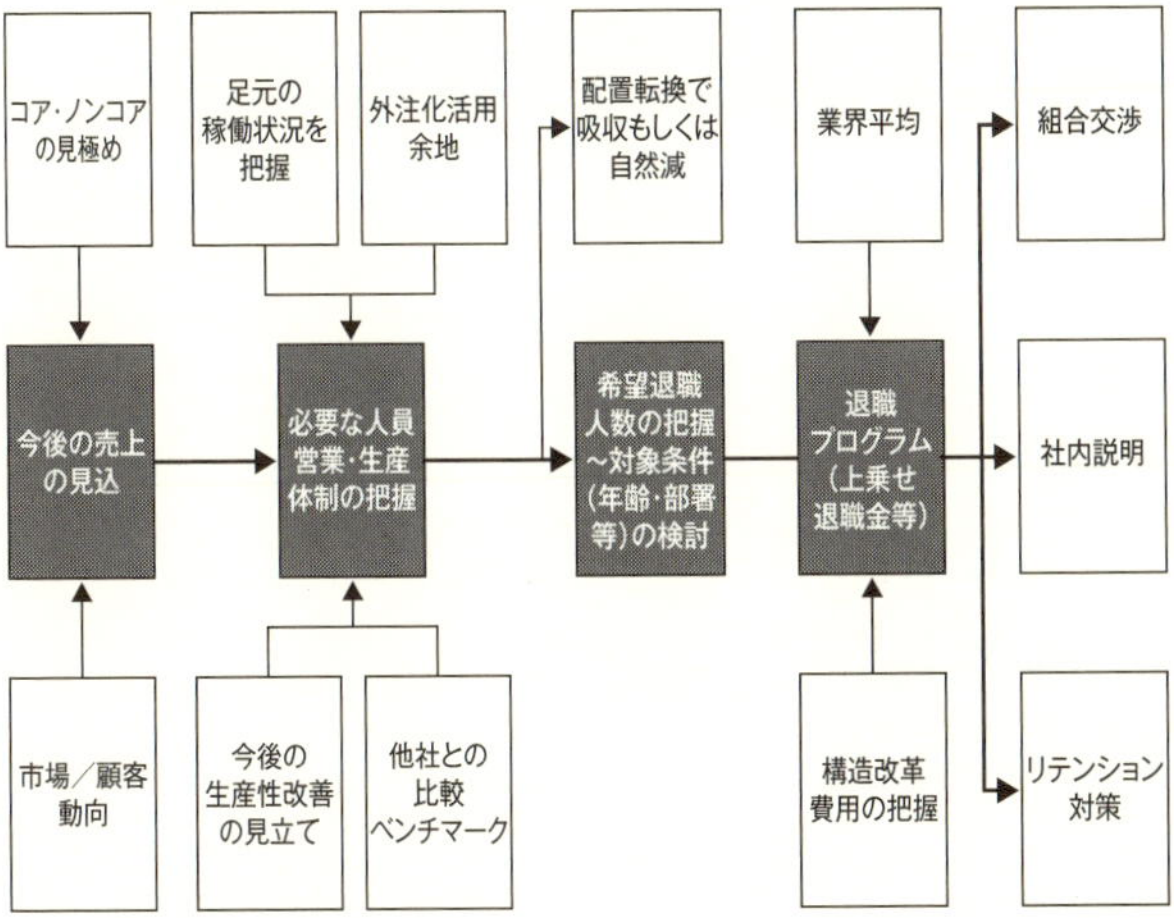

員のリストラや、給与カットを行なっているにもかかわらず、経営陣が何の痛みを負わないのでは社員に示しがつかないし、士気も上がらない。人員のリストラのような社員の痛みを伴う取り組みをする際は、経営陣の責任、役員報酬の取り扱い、ケジメの取り方もしっかり考えておく必要がある。

また、メーカーの場合、原価に対する意識に対し、相対的に販管費に対するコスト意識が低い場合が多い。よくよく販管費の中身を見ると、コストチェックが甘く、年々上昇を続けている販管費目があったりする。実際、旅費交通費、配送費、賃料、修繕費、消耗品費、広告宣伝費等々といった科目で削減が可能な場合が多い。

図表24　即効性のあるコスト削減で、時間と当面の収益を稼ぐ

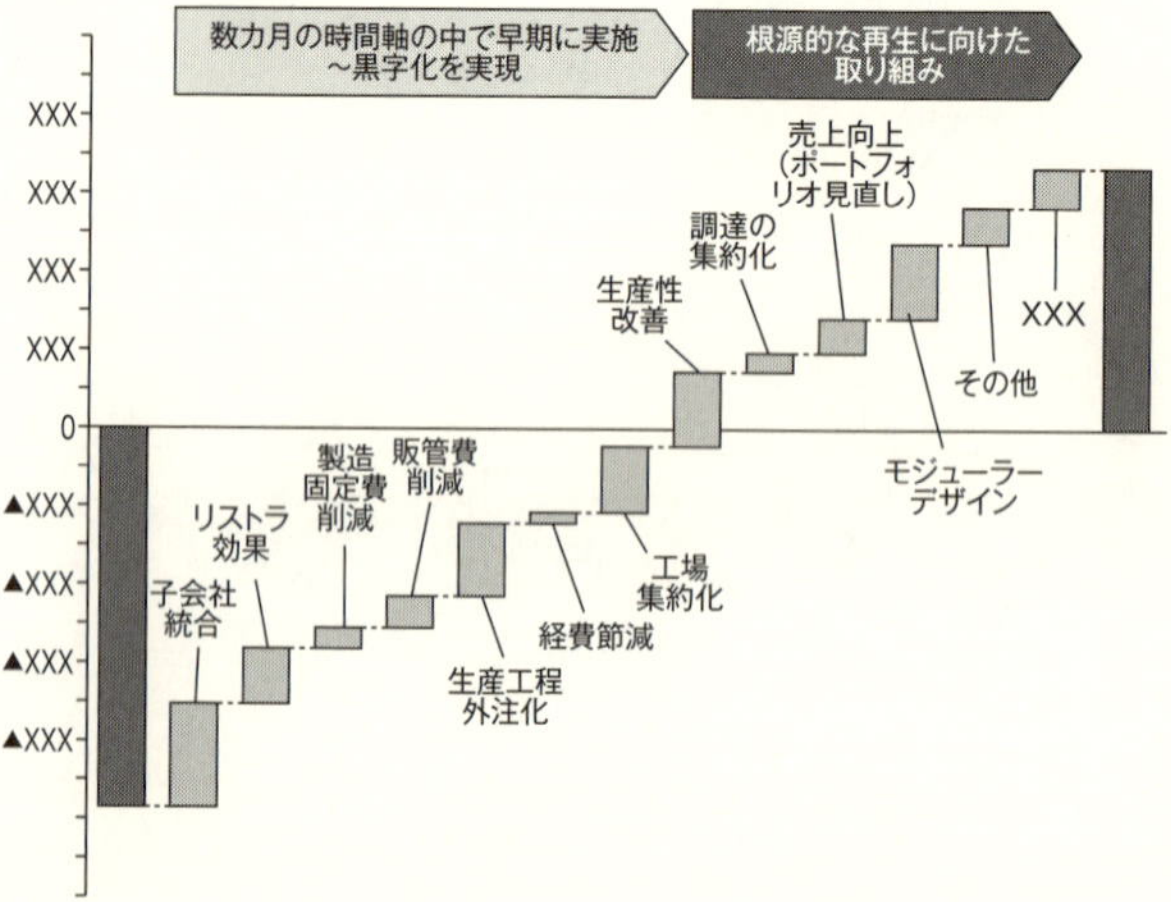

製造業の場合、前述した工場統廃合、人員削減などの構造改革には時間がかかる。よって、足元の収益や資金繰りに対して即効性があるのは、これら販管費、製造経費などに関わる打ち手である。

筆者がいつも描く製造業の再生シナリオは、まず、即効性のあるコスト削減で、時間と当面の体力（収益）を稼ぐ、その間に抜本的な構造改革を実行する、そんなストーリーだ（図表24参照）。

そのシナリオを実現するためにも、目の前の細かい収益改善はとても重要な要素であり、小さい数値だからといって決して見逃してはならない。「千里の道も一歩から」というように、細かい収益改善をどれだけコツコ

ツ地道に積み上げられるかが、再生の成否を左右する。

構造改革資金と純資産をいかに確保するか

晃林社長「ここまで大きな構造改革を行なうには、かなりの資金が必要だ。我が社の資金繰りでやりくりできるだろうか？　メイン銀行に相談して新規に融資を得たほうがいいだろうか？　また、特別損失も大きく発生しそうだが、純資産は耐えられるだろうか？」

満田財務部長「社長、ご存じのとおり我が社の資金繰りは、かなり窮しています。加えて、銀行からも、半年前くらいから会社の現況に対して、かなり細かい報告を求められています。純資産もこの数年の赤字より大分毀損しました。一歩間違えれば債務超過です」

早田「財務部長がおっしゃるように、金融機関は御社の状況をかなりシビアに見ていると思います。この状況で『新規融資を獲得できるか？』と問われると、ハードルはかなり高いと言わざるをえません。純資産も傷んでいますので、本来はスポンサーがいたほうが安心ですが、この財務の状況ではすぐには難しいでしょう。まずは自助努力で資金策、純資産を守る手段を考えましょう」

製造業の事業再生に取り組む際に、一番悩ましいポイントは、構造改革資金と純資産の確保だ。前述のとおり、工場の撤退。再編には多大なる資金を要するし、人員のリストラには上乗せ退職金が必要だ。「この構造改革には、いくら資金が必要なのか？　その資金をどう捻出するのか？」というのは、必ずぶち当たる悩みだ。

加えて、純資産の毀損の問題も悩ましい。工場の撤退などには大きな特損が発生するし、再生企業の場合、在庫に価値がなくなっていることも多い。これら過去の膿は構造改革の中で出し切ってしまいたいが、他方で純資産の毀損や債務超過のリスクも怖い。しかし、だからといって、過去の遺物を背負ったまま再生に向けて走るのも……と、いつも逡巡する。

「構造改革は資金と純資産に余裕があるときしかできない」というが、その言葉はまさにそのとおりだ。ただ、実際、会社に余裕があるときに構造改革に踏み込める企業は、非常に少ない。多くの場合、資金も純資産も利益もギリギリまで追い込まれて、初めて、重い腰を上げ始める。

しかし、よっこいしょっと重い腰を上げてみたら、手術したくても企業体力が弱り切っていたり、もしくは支えてくれると思っていた銀行がよりシビアな目で見ていたり、なんていうのはよく聞く話だ。

そんなときに、「銀行は雨が降ったら傘を取り上げる」と不平を言う経営者もいる。たしかに、その気持ちはわからないでもないが、そもそも周りへ不平不満を言う前に、自分たちの状況に対してより冷徹に、誰よりも早く気づくべきだ。

資金面で言うと、自分たちでできることは一通り探ってみる。たとえば、手持ちの株、不稼働不動産、ゴルフ会員権の売却や役員保険の解約、手形割引、定期預金の解約、在庫のＡＢＬ（動産担保融資）の可能性を検討してみる。

その中で、「担保に入っておらず、会社の資金にプラスになる資産は何か？」「売却見込価格は簿価に対してプラスかマイナスか？」などを検証し、実際の売却活動に入る。最近で言えば、有価証券、とくに上場株式に関しては、アベノミクス効果などにより含み益がある場合が多い。持ち合い株は、商売の取引上、売却に躊躇《ちゅうちょ》することが多いが、売却により、資金的にも純資産もプラスになるのであれば、決断しなければならない。

そして自助努力で埋まらない部分、もしくはより補強したい場合は、事業もしくはファイナンシャルスポンサーからのエクイティ（株主資本の増加をもたらす資金調達）やメザニン（デッドファイナンスとエクイティファイナンスの中間的なファイナンス手法）などによる

図表25　再生計画策定上の一番のポイント

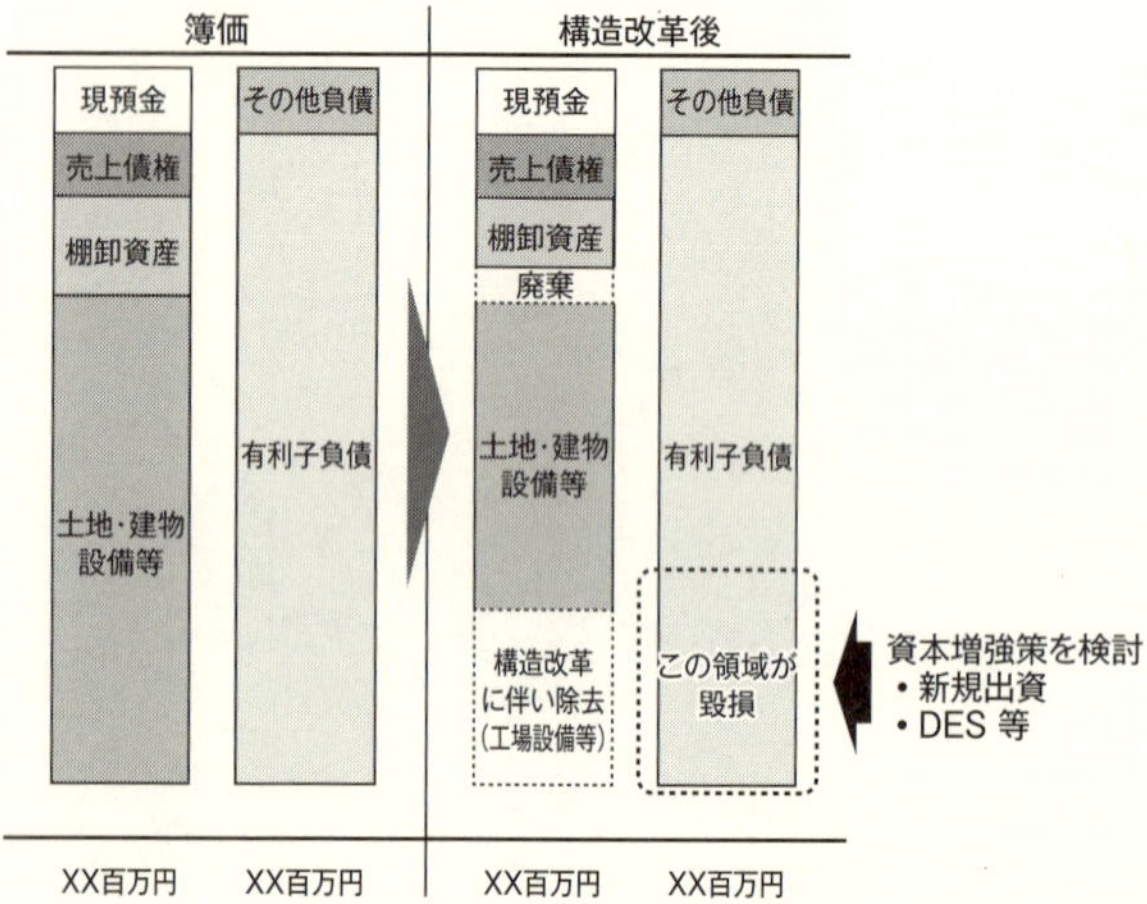

調達、金融機関へのリスケ（返済条件の変更）依頼等も考えなくてはならない（図表25参照）。

その先には、DES（債務の株式化）、債権放棄などを含めた金融支援スキームがさまざまに存在するが、まずは自分たちでできる手段を最大限検討することが重要だ。再生計画策定上の一番のポイントは、このPL改善に向けた絵と、それを裏で支える資金、純資産との最適なバランスを見つけること、もしくは手当てを併せて考えておくことだ。PLとBSと資金繰りは、三位一体で考えなくてはならない。

図表26　次のステージにチャレンジ

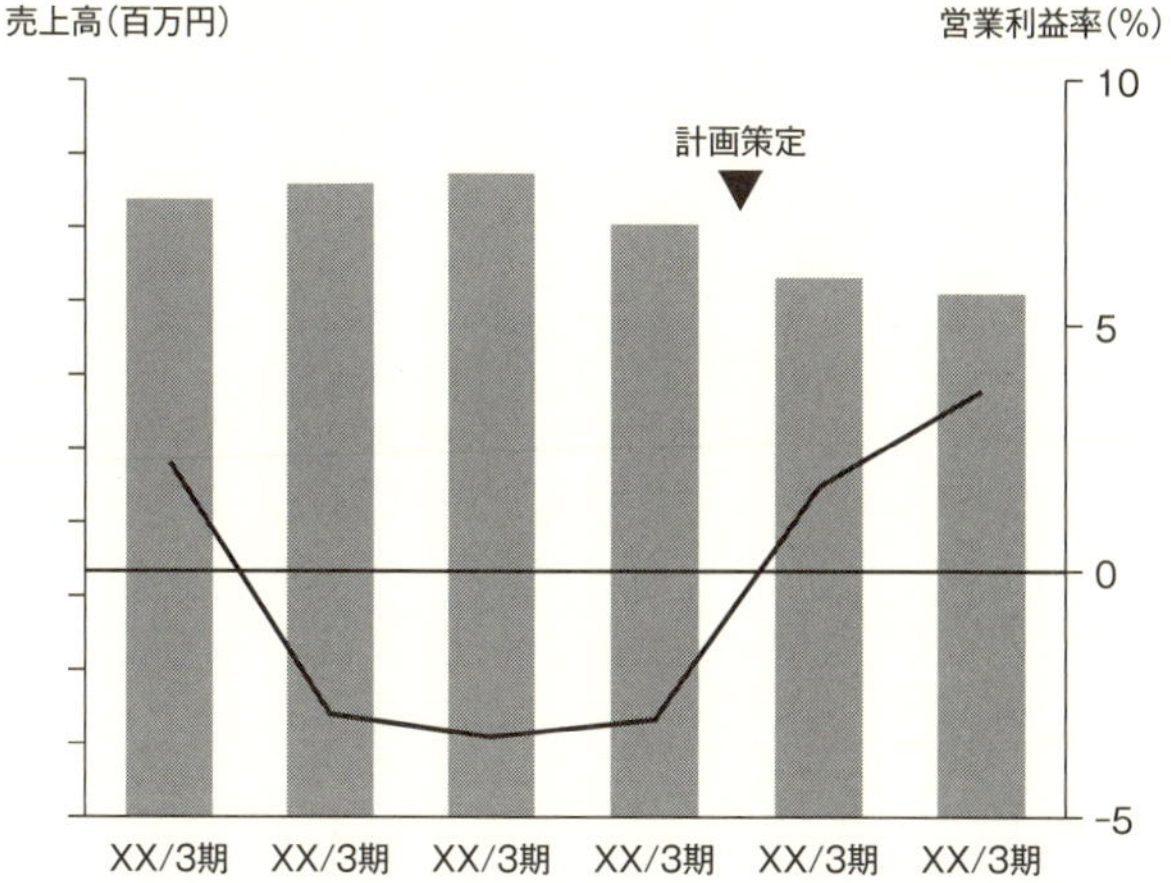

継続性を確保する

２年後……

晃林社長「おかげさまでターンアラウンドは予定どおり達成することができた（図表26参照）。取引先の皆さんや銀行の方々、従業員のみんなには本当に助けてもらった。とくにこの再生のために、やめてもらった従業員に対しては今も心が痛む」

早田「社長、業績回復はいったん果たしましたが、本当の勝負はこれからです。これまでの取り組みは、どちらかというとコストの引き算の発想で収益を捻出してきましたが、これからは国内に限らず、海外の競合他社にも伍していけるような価格競争力や技術力、営業力を身につけていかないといけません。今の業績をステップ1として、次のステージにチャレンジしていきましょう」

IGPI流チェックポイント7

計画実行の際に、一番大事なことは「ぶれないこと」だ。環境、状況の変化等により枝葉を変えていく必要はあるが、計画の幹の部分（コア・ノンコア、リストラの方針等）はぶれてはいけない。

第3章

事業計画の意外な効用

——対外コミュニケーションと健康診断機能

8 対外的コミュニケーションツールとしての役割

さて、ここまで見てきたとおり、事業計画の作成にあたっては、単に過去の延長の数字を積み上げたり、はたまた会計知識を駆使して、単に数字上の辻褄合わせをすればよいというものではないことはご理解いただけたと思う。

そして事業計画の真の価値は、「策定そのもの」にあるのではなく、実行、すなわちPDCAを回すための経営ツール、経営の羅針盤機能を使いこなすことにあるのだ、ということもご理解いただけたのではないかと思う。

そのうえで今度は、今まで見てきたような、どちらかといえば「会社内部における経営管理機能としての役割」以外の事業計画の果たす役割を2つほど紹介してみたいと思う。

まずは「対外的なコミュニケーションツール」としての役割だ。

外部の視点を意識・理解しているか

実際に事業計画を策定する立場や、自分の所属する部門や社内の異なる立場の人間に説明をする、または、そういったメンバーとともに計画を策定してきた、という読者も多いと思う。

そして、これまで見てきたとおり、経営の方向性やＰＤＣＡのベースといった「社内におけるコミュニケーションツール」としての役割を果たすうえで、「社内共通言語」としてのＫＰＩなどの策定の重要性を痛感している読者も多いことだろう。

ところが、意外と、事業計画を発表することによる「社外向けの影響」や「社外の人間がどういった視点でその会社の発表する事業計画を見ているか」といったことは見落としがちな視点ではないだろうか。つまり、事業計画の持つ、対外的なコミュニケーションツールとしての役割についてだ。

対外的というと「上場企業が資本市場に対して」と思われるかもしれないが、未上場企業であったとしても、金融機関などの外部ステークホルダーに事業計画を開示する、または出資交渉において相手に開示する、という機会は存在するであろう。

拠出する資金や資本のリスクとリターンを見極めたい、または、会社が今後進むべき方向性や返済余力を見極めたい等々、個々の外部ステークホルダーにとってその目的はさまざまであろうが、立場は違えど、会社の発信する事業計画という共通のメッセージから、「自分にとって必要な何か（情報）」を読み取ろうとしている、という点は同じだ。

その際に、会社が内部で考えている「あるべき方向性」が、きちんとそのまま外部へ伝わり、理解されれば問題はないのだが、会社サイドの伝えたいメッセージが歪んで伝わってしまったり、またはまったく理解されなかったり、ということも起こりうるのだ。

一例を挙げよう。某大手上場企業は、そのIRにおいて、中長期の事業計画を発表し、今後数年で売上を4割程度増加させるという野心的な経営目標を発表した。同社は長年におけるリストラをほぼ終え、業績も回復基調ではあったが、発表の翌日株式市場は「売り」という反応をした。なぜか？

株価については、さまざまな要因で影響されることから、一概に原因を特定することは困難であるが、今回の事例の背景の1つには、会社側のIRの稚拙さ、及び、事業会社内部の計画に対する考え方と、市場関係者という外部ステークホルダーの持つ計画に対する捉え方の相違があるように思える。

こと事業会社では、ＰＬ主体で内部の議論が進みがちであるが、アナリストなど市場関係者は会社経営の効率性やリスクの把握などをすべくＢＳやキャッシュ・フローの視点も重視している。当然同社のような、いわゆる成熟企業においてもリストラ頼みでの経営ではなく、成長分野への投資を望んでいることも確かであろうし、経営陣もそれを図っているのであろう。

しかしながら、売上について言えば、成長企業と位置づけられる会社群とは異なり、同社のような成熟した企業に対しては、少なくとも短期的ではなく、中長期の目標の先にあるべきなのは、「売上そのものの拡大」ではなく、「利益を伴った売上の拡大、または維持」、すなわちボラティリティー（価格変動の度合い）の高いリスクをとった方向性への舵取りではなく、資本の有効活用ということがより求められるのではないだろうか。

ちなみに、成長企業とカテゴライズされる「東証マザーズ」や「ＪＡＳＤＡＱ」などの新興市場における上場企業には、「利益が伸びたが株価が下がる」ケースが見受けられる。これは、市場参加者は、新興企業に対して、「目先の利益よりもビジネスそのものの将来性やビジネスモデルの有効性を見極める」という意味で、「売上の拡大」を重視するからであり、目先のコストカットなどに起因する「売上増を伴わない目先の利益増」をポジティブに捉えない傾向があるためである。

実際、執筆者のうちの1人は、そういった新興市場銘柄の経営企画担当役員としてさまざまな機関投資家と接する経験をしているが、やはり市場や競合の伸びを上回る売上成長について関心の高い機関投資家が多かった。また、実際、経営をしている側としても今後の成長の種まきを怠らないように、当時はやはり目先のコスト増よりも、その都度の経営チャンスを逃すことのほうにより危機感を抱いていたと語っている。

冒頭の大手上場企業のケースでは、とりわけ同社においては、それ以前までのIRではROE（自己資本利益率）やFCF（フリーキャッシュフロー）といった機関投資家受けする指標を重視する姿勢をとっていたように思えていた矢先、突如、根拠と利益目標の伴わない売上拡大目標を出したことが響いたのではないだろうか。

当該目標は同社が過去数回打ち出し、いずれも未達で終わっただけでなく、過去、失敗に終わった「すべての事業をすべて伸ばす理論」に回帰する、つまり、「売上重視のあまり採算性の低い事業にまでキャッシュを注ぎ込むのでは？」といった疑念や、はたまた「現状の体力、そして有利子負債の削減を最重要課題としてきた最近の傾向からして、大規模なエクイティファイナンスを計画し、調達資金を採算性の低い事業へ投下することを計画しているのでは？」といった疑心暗鬼を市場関係者に与えたりもする。結果として、1株当たり利益の減少や、事業リスクの拡大に伴う投資前提の変化などから売りの判断が下されたのではなかろうかとも考えられる。ましてや、過去の不採算事業のリストラといった負の遺産の整理の途中の身である。

今回のケースでは、資本の効率性や成長市場への集中という会社が掲げていたように思えた最近のテーマと、過去苦しんだ過剰投資を伴う売上拡大重視という相反する2つのメッセージを市場に送ってしまった感が否めず、会社としてのクリアなメッセージを出すことに失敗した、と言える。

また、別の大手上場企業のケースでは、1年間で数回の業績下方修正というIRを出すとともに、次期の業績予測を発表したが、その内容が構造改革をしたいのか、攻めの経営をするのかがまったくもってわからない内容であり、同様に資本市場を混乱させた。

リストラを大幅にやりつつ、同時に各国の企業が入り乱れての熾烈な競争のさなかにある個々の製品市場で、ことごとく市場の伸びを大幅に上回る売上成長を遂げる――この足元からは想像もつかないストーリーに違和感を覚えるのは、何も足元の同社の計画及びたび重なる計画数値の下方修正による混乱を見てきた者だけではないだろう。実際、後日、同社は早くもその目標を撤回している。

両社のように、財務的制約があったとしても、果敢に成長分野への投資を行なう、という姿勢自体は評価されうるものだ。しかし、肝心な資金調達を含むＨｏｗや、その結果としてどういった利益水準になるのかの合理性や整合性が見えず、外部の関係者を混乱させたのではないだろうか。

現状とかけ離れた売上目標は、新興国における企業など、マーケットそのものも成長している企業がよくぶち上げるものであるが、こと成長機会が限られている先進国大企業では、資本の有効活用を視野に入れた事業や国・地域別といった市場ごとにおける戦い方の選別が求められるケースも多いのであろう。

計画策定そのもののクセを見極める

余談ではあるが、経過観察をしてみると、上場企業には下方修正常習企業と上方修正常習企業が存在することがわかるし、一部企業は関係者の間でかなり有名だったりもする。後者は、計画がコンサバティブなのか、または一部企業がやっているように上方修正による決算期における株価上昇圧力を狙うということもあるのだろうが、いずれにせよ事業計画がとりわけ下方方面でアテにならないというのは、外部の関係者からすると、非常に由々しき状況であることには変わりがない。

また、上場企業ではないにせよ、ＩＧＰＩが企業を見る際には、やはり当該企業の計画策定能力を見るべく、策定の方法だけでなく、過去の計画数値の達成度合いを経年でチェックし、会社の計画作成におけるクセの把握に努めている。

作成におけるクセという話が出たが、これが企業によっておもしろいほど特徴があるものなのだ。たとえば、経費はやたらと細かく積み上げで作成しているが、売上は前年比○○％増といったケース。逆に、固定・変動の区分けがなく、ほとんどの経費が横置き、ＢＳ科目のほとんどが横置きで、ＰＬとの連動が不明……など。その他にも、金融機関から人材が派遣されており、数値の整合性だけは取れているが、施策という意味での根拠がなかったり、はたまた施策と数値がかみ合っていなかったりとさまざまである。おもしろいケースでは、いわゆるオーナーによる「神の意志」という名の売上目標が是とされており、計画が「毎期未達」という会社も存在する。

いずれにせよ、そういったクセを見ることで売上目標を高く掲げすぎる、特定経費については頻繁に計画を上回る結果となることが多いなどといった特徴が見えてくれば、計画策定の改善を図る最初の一歩も同時に見えてくるものだ。

外部との会話力を鍛える

さて、外部の関係者は、会社の出す数値の背景にある根拠や、向かっている方向性、そして、数値そのもの、その結果としての経営効率指標などを探ろうとしているわけであり、その根本にある会社のメッセージは何か、そこに合理性はあるかということを知りたいのだ。したがって、会社側としても、きちんとした説明責任が求められるのは当たり前のことと言える。

日本では、機関投資家を含む外部ステークホルダーの監視機能が、必ずしも十分でなかったこともあり、企業外部との会話があまり得意でない企業が、まだまだ多いように感じる。業界全体としての業績が下がり、外部の目や監視が非常に厳しくなった期間を超えると、業界全体としてのIR能力がやたらと向上するなどと言われているくらいだから、あながち間違いとも言えないのであろう。

そういう状況でありながら、かなり多くの企業が、いわゆる中期計画を発表しているが、明確なポリシーや今後の経営ストーリーを端的に伝えるという役割をどれだけ考え、市場との対話に臨んでいるかについては、改善の余地がかなりあるのではないだろうか。

これは何も事業計画に直接的に関わる話ばかりではない。たとえば、近年上場企業によるリキャップＣＢ（転換社債によって得た資金で自社株買いをすること）が盛んになってきているが、すべてではないものの、当該企業の今後の成長戦略と想定されるリターン、それに必要であろうと思われる財務戦略と、そのリキャップＣＢとの関連が非常に不明瞭で、ネガティブな株価反応をしているケースも見受けられた。中には、資金調達額全体に占めるリキャップ部分の割合が非常に低く、そう呼ぶこと自体に疑問がついたケースもあったりする。

これもリキャップとＣＢを組み合わせた財務戦略が、短期的なＲＯＥの向上による単なる短期的な株価対策なのか、長期的な会社の向かうべき成長の方向性に合った動きなのかが、クリアであるか否かの違いであろう。つまり、計画における事業と財務との視点に整合性があるか否かである。

このように、事業計画に関わることだけでなくとも、会社の発表に対して、たとえば、先ほどのリキャップＣＢ発行という同じ動きであったとしても、コミュニケーションの取り方によって、外部の捉え方は異なってくるものなのだ。ましてや会社の今後数年の計画数値を発表する事業計画においては、その影響はより大きくなることは想像に難くないだろう。

もちろん、当然ながら経営をするにあたっては、外部の声や、短期的な株価にむやみに振り回される必要はないということも強調しておきたい。その行きすぎた例が、市場や金融機関といった外部ステークホルダーの「見たい」計画数値ありきで、無理とわかっている計画を策定・発表し、結局、期末に下方修正や未達を発表する企業群だ。これでは何のための計画なのか、まったくもってわからないが、再生フェーズにあり、外部のステークホルダーの数が増えたり、声が大きくなっている状況にある企業や、短期的であったとしても足元の株価を上げることにインセンティブを持っている企業などでは実際に見られる現象なのだ。

企業内部の関係者が（迎合するわけではなく）、外部とのあるべき正しいコミュニケーションを図るため、上場企業であれば、成長資金の取り込みを含めて上場メリットを最大限享受すべく、主要機関投資家の見る目や視点を、そして、未上場企業であったとしても、金融機関などの外部の資金の出し手の視点をうまく把握する、またはその逆で、内部の考えや向かうべき方向性を、効率的に資本市場に対して伝達していくという両方向の努力が求められる。

少なくとも対話をすることで、短期的な減益計画でも株価がネガティブに反応しないケース（たとえば近年のトヨタのケース）もあり、長期的な視点に立った経営（＝短期目線の多い資本市場の悪い傾向の排除）の一助ともなりうるのではないだろうか。

ちなみに、外部との対話という意味では、機関投資家の多くが、ＰＬ上の数値もさることながら、たとえば、ＥＰＳ（１株当たり純利益）の成長がどうなるのか、ＲＯＥ推移やキャッシュ・フローの成長や使い道をどう考えているのか、といった視点も重視している。そういった指標への明確な回答や方針を企業側が持ち合わせていないと、スムーズな会話が成立しないといった側面もある。

また、株主配当ひとつをとっても、多くの海外企業では、経営陣によるinformation content, signalling hypothesisとして、外部投資家が経営者の描く今後のストーリーを判断するツールの1つになっているが、日本企業ではその場しのぎのポリシーしか持っていないケース、明確なポリシーを持っていないケースが多く見受けられる。配当については実際に、「大体これくらい」といった感じじゃや、「他社さんに合わせて」といった主体性のない考えでやっている企業が多く存在するのだ。

ところで、いわゆるミドルキャップ銘柄を中心に投資活動を行なっている某著名機関投資家は、独自に対象会社の中長期事業計画を策定し、それをベースに企業と会話をすることで知られている。曰く、「会社の出すIRがあまり信用できないし、見たい指標が出てきたためしがないので、独自に予想計画を策定して計算している」とのことである（その他にも客観的な市場データなどから考えると、「この程度の成長」という絵を、まずは自社で描き、会社の発表する数値とのズレがある場合は、そのズレをもって投資機会を探る、という狙いもあるのだろう）。

このように、事業計画とは、自社の向かうべき方向性を内部で明確化するという社内向けだけではなく、社外に対しても、資金調達や継続サポートの獲得を目的として、自社の経営姿勢や方針を明確にコミュニケートするという役割を担っている。

すなわち、社内外双方へのコミュニケーションツールであり、内部の理論だけでなく、外部の視点をも意識した策定や発表方法が求められているのだ。

言い換えれば、会社内部の人間が何をすればよいのか、どこに向かって走ればよいのかがわかるだけでなく、カネというリソースの一部を負担するなどで企業に関係する社外のステークホルダーにとっての方向性、たとえば、「出資するカネは成長性資金なのか何なのか」、そして、「それはどう増えていくのか」「リスクは何か」といったあたりも明確にするべく、ＰＬだけでなく、ＢＳやＣＦまでをも含めた整合性とストーリーのある計画が求められているのだ。

すなわち、外部のステークホルダーが意思決定するための「材料の提供」がその意義であると言える。そして、その中でＩＲでどこまで出すか、どういったトーンで出すかといったあたりも、経営判断の１つであると言えよう。

なお、本章の最後に、上場の有無にかかわらず、株式アナリストや銀行サイドでは、同業他社との比較や同じ産業セクターにおいて対象企業はどうかという視点が存在するという意味からも、前章までですでに述べた事業計画策定における外部環境や競合の動きの把握、または競合比の利益率といった収益構造の比較という要素が重要であるということを申し伝えたい。

ＩＧＰＩ流チェックポイント８

会社経営と事業計画に関わる関係者は会社内部の人間だけではない。外部ステークホルダ

ーは、ディスカッションパートナー。彼らの視点や考えを理解することで、効率的なコミュニケーションを図り、自社の味方につけ、うまく成長に取り込むことが求められる。

9 学習効果としての役割

さて、次は、事業計画の持つ自社の「学習効果」としての役割について説明する。なお、ＰＤＣＡにおける学習効果についてはすでに触れたので、本節ではその他の学習効果について扱いたい。

事業と財務の両視点における学習効果

誤解を恐れずに言うと、事業計画の策定を通じて、自社にとっての戦略上、そして、財務上の選択肢と自由度がどの程度あるのかが把握できなければ、その事業計画はあまり意味をなさないと言っても過言ではない。

つまり、事業計画とは、自社の置かれている事業上及び財務上の現在、そして、将来の状況を教えてくれる羅針盤のようなものなのだ。

先ほど、企業の社内ではＰＬ中心の議論になりがちであることを説明した。しかしながら、ＰＬに結びつく戦略や施策とは、本来それを支える財務戦略（事業戦略をどう資金面でサポートするか）とセットであるべきであり、この両者は車の両輪であることからも、本書で何度も出てくる三表連動の考え方の重要度がわかるというものだろう。

ところが、意外と起こりがちなのが、「いろいろと投資もします」「場合によっては、事業の撤退やリストラもやります」といったメニューが並んでいるものの、その結果としてのＢＳの画が描けていないケースである。

つまり、会社の体力として本当に現実的な選択肢なのか、現在の体力でムリであるならば、資金調達の手段としてはどんなオプションがあるのか、といったことが見えていないケースだ。これは、財務戦略が「後追い」になってしまっている状態とも言える。

しかしながら、本来財務の役割とは、会社が今後進むべき方向性や事業計画を資金面で支えることであるがゆえに、セットでフォワードルッキング（先を見据えて）に考えることが求められる。

そのため、事業計画の実行に伴い、どのような財務上のニーズが発生し、そのニーズを満たすためにどんな財務上の手段があるのか、またその手段の中の甲乙は何かを、計画の策定を機に検討すべきであり、そういった見当も今まで説明してきたような事業計画の策定方法をとることにより、事業計画から見えてくるものなのだ。

具体的な例を挙げよう。ＩＧＰＩが以前お手伝いした某大手企業の例である。この会社は某大手コンサルティング会社を使い、中長期的な成長戦略の画を描くという作業を行なっていた。ところが作業が遅々として進まないばかりか、はたして実現性のある計画なのかについて会社として疑問を持ち、ＩＧＰＩにも検証作業をお願いしたいということだった。

「今後の成長戦略の実効性を検証する」というクライアントからの当初のお題ではあったが、開始直後に冷静に足元の業績を分析して数値を作成したら、成長を考える前に足元の業績の急降下傾向が長期化するという現実的なシナリオと、その際に想定されうる事業構造改革に伴い発生するコスト（特損）の額が、同社のＢＳでは耐えられるものではないことが判明した。

つまり成長話から一気に再生モードに切り替わったわけだ。

その結果、成長路線へと舵を切る前に想定される事業構造改革に伴うコストの精緻化と、構造改革後の経営の方向性と姿、外部ステークホルダーへのしかるべき発信と協議、そして、それに見合う資本増強をまずは最優先事項とし、2カ月ほどで一気に対応することになったのである。

結果的に、IGPIが描いた事業構造改革に伴う特別損失の見込額と実際の発生額がほぼ同額であったこともあり、最適な額の資本増強と合わせて、同社はその後、復活を遂げることとなった。その一方で、期末の決算期を挟むタイミングでもあり、資本調達スケジュールや実務を考えると、まさに土壇場のタイミングでもあった。

このケースでは、当然、会社側としても足元の業績悪化傾向はわかっていたのだが、中長期の計画よりも単年度の予算を重視する傾向や、計画の下方修正をギリギリまで先延ばしするといった傾向が傷口を広げた。また、前述したシミュレーション機能を持たないスタティック（硬直的）な計画と相まって、この先、会社の体力（BS）がどういう姿になるのかについて学習する術がなかったのである。そして、学習する術がないのだから、対応する打ち手も後手後手になってしまったという例である。

実はこのような話は非常に多く、とりわけ再生モードに入ってしまう企業は、向こう数カ月といった単位での資金ニーズ（資金繰り）が見えていないケースが大半である。したがって、必要な財務的な手当てや、準備がなされておらず、かなりギリギリになってIG

ＰＩに相談に来られるケースもよくある（なお、再生とは反対のベンチャー企業のケースについては後述する）。

さらに言うと、そういった特徴は、長年業績悪化に苦しんでいる企業だけのものかというと、実はそうでもなく、高収益企業であったとしても、銀行融資やＣＰ（無担保約束手形）等の比較的機動的で短期的な資金調達ができて当たり前の企業、たとえば、インフラ系の企業などにおいてもそういったケースは見受けられる。

また誤解を恐れずに言うと、事業環境や収益基盤が比較的安定しているインフラ系の企業で、なおかつ、規制料金下での事業運営に当たっている会社の財務にとっては、純粋に財務の視点だけで考えれば、平時における腕の見せどころや最適資本構成とは、「どれだけ借金できるか」であったりもする。

ただし、そのような状況が長く続くと、いざ事業環境が大幅に変わった際に、この先のＰＬ（事業）の状況と、ＢＳ（財務）の状況がどうなるかが、実は正確に把握できないという例があったりもするのだ。

実際にＩＧＰＩが関与したケースでも、コストの安い短期の資金調達が可能であったため、長期的なＢＳの策定能力がまったくないというか、多くの科目が横置きのままであった。はては単年度計画を策定するチームと中長期の姿を策定するチームが、そもそも異なっており、双方のコミュニケーションがそれまでは盛んでなかったこともあり、単年度とそれ以降の計画数値が断絶してしまっていたり、個々の情報を持っている部署が非常に多岐にわたる一方で、それを中長期の視点で取りまとめる司令塔が不在であったことから、単年ごとの予想設備投資額と資産残高の推移がまったくかみ合っていなかったりといったケースにも遭遇した。

なお、このケースではＩＧＰＩが、短期と長期、そして、各部署の情報を統合するハブ機能として計画の策定機能を握り、現在と将来の会社の置かれているポジションの把握に寄与し、その後の資本増強や金融機関からの支援の取り付けにまで奔走した。

いずれにせよ、そういったケースに共通しているのは、自社の現在とその先に想定されうる事業、及び、財務上のポジションを正確に把握できていないということである。そういったポジションを学習できうるような事業計画数値がないがゆえに、そのような事態に陥っているわけで、その企業が、「事業計画の策定能力が必ずしも高くない」という特徴を持っているというは、あながち偶然ではないだろう。

しかしながら、本書で示してきたような事業計画の策定方法をとっていると、事業計画上で描いたPLの結果としてのBSの姿も同時に見えてくるし、PLにおけるパラメータ、たとえば、売上が○％減少した場合のBSへのインパクトなども把握することが可能となる。そして、どういったケースでは財務的にどうのような行動をとればよいのか、たとえば短期的な資金の調達、長期的でエクイティ性資金の調達などの選択肢がおのずと見えてくるものだ。短期・長期といった話だけでなく、どういった資金調達をするかで、金利を含めた財務コストも、既存投資家や出資者に対するインパクトも変わってくる。そのため、自社における事業上の現在のポジションと、今後の事業計画とを合致させる手法が当然求められる（たとえば、長期性設備投資を短期資金で調達というケースは多くの場合、失敗する）。

M&A戦略における学習効果と管理会計制度との関係

会社によっては、M&Aの検討や事業構造改革といった通常のオペレーションを超えた経営判断を必要とするケースも多々あるだろう。その際に、現在の自社の体力を前提に、どういった経営上、及び、財務上の選択肢が合理的に存在するかを示してくれるのが、事業計画であり、言い換えると事業計画の持つ1つの学習効果なのだ。

たとえばM&Aにしても、事業計画が、いわゆるmake or buy decisionの基礎情報となったり、また財務方面で言えば、既存事業の足元、及び、将来環境を考えた際に自己資金でどの程度賄えるのか、または賄うべきか、賄えない場合はその資金調達はどうするのか、当該M&A、及び、資金調達の結果としてBSはどうなると想定されるのか、また、どの程度の額で買収すればEPSはどうなるのかを判断する際の基礎情報となる。

つまり、しかるべき計画策定能力を有していれば、そういった経営判断、たとえば短期的にはEPSは下がるが、長期のメリットが期待できるのでゴーサインを出すといった判断を下すうえでの包括的な情報をタイムリーにシミュレーションし、把握(学習)することができるのだ。

なお、M&Aの話のついでに申し上げると、IGPIにおいては、M&Aサービスの一環として、ビジネスや財務DD(企業の資産価値を適正に調査、評価すること)を数多く手掛けているが、その際には、必ずビジネスの特性を踏まえた三表連動の事業計画を策定する。

バリュエーションなどに使用するという一般的な目的の他に、PMI(買収後の組織統合マネジメント)実行支援時などに買収する会社側のPMI担当者や事業部長クラスにも、当該モデルをもとに被買収会社のビジネスモデルや収益構造を説明すると、比較的簡単に理解してもらえるという経験をいくつもしており、事業計画の持つ学習ツールとしての有益性の1つの事例と言えるではなかろうか。

このように、M&Aを実行する部隊と、その後の事業を見る部隊が異なるケースにおいて有効であるし、またM&Aのケースでなくとも、複数事業を営む会社の新役員を含む経営陣が自社の各事業の状況を正確に把握するうえで活用する教科書としての意味においても有益であろう。

後者において言えば、たとえば、自社の各事業部門が実際どういった活動をしているのかがよく見えていない、または、実際問題としてどこがどう収益貢献しているのかがわかりにくいということも多々あるかと思われる。そのようなブラックボックス化をなくし、「実際どうなのか？」という視点を持つことが、事業計画策定、及び、そのプロセスにおいて可能なのだ。

これまで見てきたとおり、要は事業計画の策定とは、「戦略策定とその結果としての数値への落とし込み」なのだから、当たり前といえば当たり前だ。

「そんな馬鹿な」と思われるかもしれないが、意外と部門別等といった財務会計に紐づいた単位での収益構造や収益性は把握しているものの、たとえば、製品別・市場別といった経営の意思決定に寄与しうる管理会計区分での把握が十分でないケースは多い。

そしてこれもすでに説明をしてきたとおり、事業計画を策定するうえで、どの単位・切り口で策定し、どういったKPIで見るべきかといった議論をきちんとしたり、また、策定において会社のあらゆる個所における活動を棚卸し、各種ドライバー（業績に影響を与えうる要因・要素）や収益構造のブレークダウンにより、各施策を数値に紐づけることで、自社の活動の透明化がなされ、その結果として全体だけでなく、事業部ごと、製品ごと、市場ごとといった会社の各パーツにおける活動とそれを取り巻く環境の理解に役立つのだ。そして、その理解が経営上の意思決定へとつながるのである。

ちなみにIGPIにおける事業計画の策定プロジェクトでも、そういった管理会計制度の再構築とセットになるという場合が、非常に多い。

そう考えると、事業計画というものは、自社にとっての改善余地がどのあたりでどの程度あるのかを考える際にも、オペレーションやリソース配分における優先順位づけをする際にも役立つことに合点がいくだろう。

アセットリスク・子会社管理に関する学習効果

また、構造改革や再生といった話やＰＬ主体の話だけでなく、事業計画には自社の保有するアセット（資産）の持つリスクの把握も同時に学習できるという効果もある。巨額の資産の減損処理を迫られる会社が、日本企業のみならず、一部グローバル企業でも相次いだのは記憶に新しいだろう。

ＰＬだけ見ていたのでは気がつかないこれらのアセットリスクについても、きちんと三表を作成し、ＢＳやＣＦの視点を鍛えれば、そもそも事業で活用しているアセットとそうでないアセットの分類や、自社の今後の事業活動（収益獲得能力等）や、外部の環境が自社の保有するアセットに対してどんなインパクトを持ちうるのかをきちんと把握したうえで、資産を持つプロコンを整理・学習することも可能であろう。

要は、「保有している資産が、きちんとした事業活動を通じて、収益に貢献しているか否かを判断する」ということである。かつて、投資目的で保有した資産や、政策投資という名の収益を生まない資産だけでなく、資産を保有するメリットよりもデメリットのほうが多い場合や、そもそもコア事業に関連していない場合など、さまざまなケースで売却にかかる判断に寄与することは言うまでもないだろう。

ちなみに、いわゆる政策投資名目資産は、資産管理コードとして管理部門に紐づいていることが多く、細かい積み上げを求められる事業部門と異なり、計画数値が毎年横置きでもあまり問題とならない管理部門の事業計画上の特徴と相まって放置されるケースが多い。計画におけるBSの推移をきちんと確認しない会社であればなおさら放置される可能性は高まる。

さらに余談であるが、いわゆる欧米企業が持ち合い株式や不要なアセットを持たないのは、CEOなどの報酬体系にも絡む話ではあるが、まさにこの本業以外で発生するロスのリスクを過度に負いたくないというのが1つの理由であろう。

そうでなくとも、「業績や外部環境の悪化→資産劣化による減損や売却損→エクイティリスクに起因するキャッシュリスク」の悪循環を断つためにも、これらのアセットリスクについて、綿密なリスク管理・シミュレーションをし、アセットを持つことの合理性の検証を、平時からするべきではないだろうか。本業と関係のない資産や保有するコストやリスクに見合うリターンを生まないアセットについてはなおさらだ。

身の丈（自社の収益性）を超えた資産規模は、環境がノーマルでなくなった場合の逆回転の影響が甚大であり、計り知れない。つまり、事業計画の策定と、その結果として具体的数値を持って把握しておくべきであり、そのうえで合理的な経営判断を下す材料とするべきなのだ。その際に、自社のＲＯＥやＲＯＡ（総資産利益率）、ＲＯＩＣ（投下資本利益率）といった指標を活用してみるのも1つの手であろう。

ちなみに保有アセットというと、いわゆる有形固定資産のようなものを想像される方が多いかと思うが、たとえば子会社株式などもその一例だ。今まではどちらかというと、個社における事業計画の話をしてきたが、当然連結すべき子会社などが存在すれば、連結での事業計画の策定が求められる。その際に、今まで説明をしてきたような方法で連結グループを構成する会社の事業計画を個々に策定してみることで、子会社の置かれている事業環境や収益性だけでなく、当然全体における位置づけの議論にも発展することになるであろう。つまり、子会社を有しておくことの連結上の意味合いだ。

ところが、複数子会社が存在する場合では、本社経営企画が文字通り数値集計屋になっており、本来事業計画策定ごとに行なえるであろう、自社グループの目指すべき方向性と子会社の事業分析などを通じた、各子会社のグループ経営上の位置づけや将来性の判断にまで踏み込む機会を逃していることが多く見受けられるのが現実だ。

そのため、親会社から見ると、原因が今ひとつはっきりとしないまま、子会社の業績が落ち込み、ようやく踏み切って子会社売却を考えたとしても、そのときの子会社の業績ではまともな価格でビッドしてくれる買収候補者も現れないということになるのである。

そのようなケースでよくあるのは、親会社にとって、子会社を設立、または買収した際には意義があったが、時代の流れとともにその役割を終えているにもかかわらず、意思決定が先延ばしにされたことで、打ち手が限られてきてしまうというパターンである。

また、親会社の一部機能を切り出して子会社化したが、時がたつにつれて、子会社の競争力が純粋な第三者企業と比べて劣ってきており、結局、冷静に考えると外注したほうが連結上のコストカットにもなりうるというケースも多い。この場合は、親会社における子会社の位置づけが明確でないだけでなく、子会社は親会社に事業上頼り切っており、事業構造の変革等に着手できないというパターンである。

ところが、こういったケースであっても、親会社としては、日ごろから子会社に対して表面上の数値管理しかしていないため、いざ本格的に業績回復策を打たなくてはならないという場面に直面すると、どうしたらいいのか見当がつかず、結果としてそのままズルズルと来てしまうということになる。

ＩＧＰＩがそのようなケースに関わる場合は、当然、親会社・子会社の双方の情報収集やヒアリングなどをすることになるのだが、親会社としては子会社の戦っているマーケットそのものの経済性や、そもそもの収益構造をあまりよく理解していない、または、子会社に関する情報が一括して整備されておらず、それぞれの部署がそれぞれの情報を持ち合わせており、全体感を持って把握している人がいないといったようなことが多く見受けられる。

なお、ここで言う収益構造とは、子会社全体としてではなく、たとえば、どのセグメントや製品・サービスでどの程度儲けているのかといった管理会計上のデータのことである(反対に財務会計上の子会社そのものの数値や推移は当然把握している)。

また、「一括情報がない」というのは、たとえば、子会社の事業上の管理は親会社の特定事業部の下で行なうが、数字は親会社の管理部門で管理といった具合で、少なくとも本社経営企画などには、営業上や事業上の突っ込んだ情報がないし、情報をベースに親会社の経営陣が議論をするケースもないという意味だ。

そして、親子間で取引がある場合は、事業部は子会社についての理解を結構しているが、売却や撤退といった経営上の意思決定に近い経営企画や役員は表面上の数値しか把握できていないケースが多く見受けられ、結果として、誰も売却やリストラを含めた抜本的な議論を開始するトリガーを失ってしまうのだ。

事業ポートフォリオ管理の基礎情報として

このように、自社だけでなく、子会社を含む自社グループ全体における「全体及び個々の方向性」についての経営判断を迅速にするべく、毎度の事業計画策定にあたっては、自社だけでなく、子会社を含め、事業計画の学習効果機能を活かすことが求められる。

日本企業は海外企業と比較して、グループ会社管理といった事業ポートフォリオ管理が苦手であるとよく言われる。総合といったことを謳わずとも、複数の異なる事業を抱える企業の事業内容が頻繁に入れ替わる海外企業と比較してのことであるが、経営の意思決定力もさることながら、その1つの要因が、しかるべき経営判断をするための材料が揃っていないということも言えるのではないだろうか。

そしてその解決策の一手段が、本書で述べたような事業計画の策定を通じた自社、及びそのグループ企業各社の正確な理解なのではないだろうか。

ＩＧＰＩ流チェックポイント９

事業計画とは、自社の置かれた現状とビジネスの構造を理解するツール。事業計画策定を通じて、自社の戦略上および財務上の打ち手の自由度を見極めるべし。

10 ベンチャー企業と事業計画

なぜ、事業計画不要論は消えないのか

さて、ここまで事業計画のあるべき作成方法と、その活用方法について述べてきた。そして、なぜ、そういった作成方法などが重要であるかも大分理解が進んだのではないかと思う。

ところが、そのうえで疑問を持つ読者もいるだろう。たとえば、急成長中のベンチャー企業で事業計画そのものがないという会社もあるし、そもそもそういった企業は大企業と同じような計画の策定方法でいいのだろうか、と。つまり、事業規模の大小や、ベンチャー、成長、成熟、再生段階等、企業のライフサイクルに応じて事業計画の意味合いや位置づけは変わるのだろうかということだ。

結論から言うと、「変わる部分と変わらない部分がある」ということになるが、以下順

番に見ていこう。

たしかに、事業計画や類似の数値計画を、意図的、または無意識に作成していない企業は、ライフサイクルにかかわらず存在する。しかし、その理由や背景は、ライフサイクルにより異なっている。

比較的小規模な企業や急成長中の企業で「計画不要論」を謳う企業が存在する。実際執筆者のうちの1人は、そのような小規模ベンチャーから上場を経て、売上規模で1000億円程度に達するまで、事業計画策定やIRに携わってきたが、たしかに当時から計画を策定しない企業は存在し、現在でも存在することは事実だ。

そして、策定が不要であると考える背景としてはいろいろあるだろうが、事業モデルがシンプル、市場動向が劇的に変化するのが当たり前の市場で戦っている、影響力のある外部ステークホルダーが不在、なおかつ、市場そのものが成長中で利益率とキャッシュ獲得能力が高いというようなケースが多い。たとえば、以下のような特徴を持った企業（または、その特徴の組み合わせ）群である。

Ⅰ　事業内容がシンプルで、社員各自にとってやることが明確。つまり、向かうべき方向性を共有するという事業計画の目的の1つが、小規模な組織体制と相まって、すでに深く共有されているケース。

Ⅱ　市場環境が劇的に変化することを前提で事業を行なっており、週次や月次での調整を求められる。その一方で、市場そのものが成長中であり、市場の伸び自体にドライブされて事業が拡大していくので、大きな方向性よりも、むしろ日々の調整と改善を通じて市場動向にさえ迅速に対応していれば、売上がついてくる。外部からのファイナンスも市場の伸びをベースに比較的簡単につくので、計画があってもPLだけのケースも多い。

Ⅲ　利益率が高い。トップラインの伸びを担保していれば、利益とキャッシュがついてくるので、硬直化した計画やコスト管理よりも、市場動向に応じた柔軟な姿勢による売上確保を重視し、その他の指標の管理はあまりしない。

Ⅳ　金回りがいい。右記の事業からのキャッシュ獲得能力の高さに加えて、多額の設備投資などが不要であるなど、CFがよい場合は、BSやCFを意識する必要性がないだけでなく、外部調達も容易なため、必要性に迫られない。

Ⅴ　そもそもステークホルダー数が少なく、説明責任とその必要性があまりない。外部資金調達が不要の場合はなおさら。

ちなみに、Ⅲは、何も成長中企業だけではなく、たとえば、前述したとおり金融機関やCP市場からの、その都度の資金調達が容易である一部大企業にも、BS軽視の傾向は見られるものである。

実際にPLは非常に細かく策定されているものの、BSの多くの科目は、なぜか横置きのまま、という大企業は上場企業でも存在する。作っても誰も活用しないし、あまり見る意味がないといったところなのだ。そして、そのような企業に限って、一度事業環境が変わり、資金調達能力に疑問符がつき始めると、慌てて三表連動もどきを策定し始めるということになるのも前述のとおりである。

話をベンチャーに戻すと、急成長中の企業がきちんとした事業計画を持っていないのは、何も日本企業だけに見られる傾向ではない。海外のベンチャー企業の経営者であっても、たとえば、そういった会社を買収しようとするバイサイドのアドバイザーが、無邪気に「5カ年計画をください」とやると、文字通り悶絶する経営者は非常に多く、やはり事業環境が変わる前提での事業運営なので、長くても1、2年の計画しか策定していないということだったりする（ただし、そういったケースであっても、その背景、つまり単に策定する能力がないだけなのか、または他の合理的な理由があるのかの見極めが、バイサイドに求められることは言うまでもない）。

ベンチャーにとっての事業計画の役割

一方で、このようなケースでは、緻密な計画を立てないがゆえに、事業の多角化や市場開拓などの先行投資に稚拙な場合が多く、海外成長市場への進出といったマクロのキーワードに飛びつくという特徴があるように思われる。

とりわけ、近年、当初から事業領域をグローバルに据えているベンチャー企業も多く、海外進出に対して非常に熱心である。しかし、組織の急拡大に応じた組織内部でのコミュニケーションの分断や、市場の変化が激しい業種が多いことと相まって、一度業績が逆回転を始めると、その頃には外部のステークホルダーも存在しているため、焦って計画策定に走ることになる。このように、時代と業界は変われども、過去から急成長する業界の企業群にとってのお決まりの構図も一部では見受けられるのだ。とりわけ多いのが、海外進出に絡むトラブルだ。

したがって、やはり動きが速い業界であったとしても、いやそういった業界だからこそ、本書で述べているようなシミュレーション機能を有した事業計画を持つことが重要なのである。

ただし、その活用方法は「先月の結果を議論して……」といったようなものではなく、これからマーケットや自社はどこに行く「可能性」が高いのか、事業上・財務上の選択肢や余裕が自社にとってどの程度あるのかを瞬時に把握する「ブレストマシーン」としての活用をするべきなのであろう。

動きの速い業界・企業は「止まること」が致命傷となる。そのため、フォワードルッキングな議論ができる土台として、先ほども出てきたスタティックなものではなく、シミュレーション機能をきちんと有した事業計画を持つべきなのだ。

資金調達と事業計画

ベンチャー企業が、最初に、いわゆる事業計画の策定を求められる機会は、資金調達に絡む作業が発生するときであろう。上場といったイベントだけでなく、事業環境が当初の想定どおりであった場合は、特段その必要性を感じていなかったものの、いざ外部の支援を得る必要がある場合に、外部から求められて策定するというケースや、そういった危機モードではないにせよ、やはり成長資金を外部から取り込むために説明するケースもこれに当てはまる。

とはいっても、やはり、ベンチャー企業が描くいわゆる計画はPLだけで、それを支えるキャッシュやリソース（BS計画など）がないケースが多く、IGPIがベンチャー企業と関わる案件、たとえば成長戦略のお手伝いやM&Aのお手伝いなどをする際に、ベンチャー側に必要な足元のキャッシュニーズと、求める資金の規模の理解がなかったり、または、出資比率やバリュエーションが歪《いびつ》になってしまっているケースなども多く見られる。

ベンチャーつながりで話を続けると、その反対に、妙にM&Aやバリュエーション手法に詳しい一方で、肝心の事業の内容が追いついていないというケースもある。ちなみにそういったケースでは、外部の個人レベルの「いわゆる」アドバイザーがついているケースもある。

ほぼIPO（新規公開株）のみが、いわゆるexitの手段であった一時期と異なり、ある特定の業種・業態においてはと限定的ではあるが、日本においても大企業等がベンチャー企業を買収する事例がかなり増えてきている。

また、一時期よりも起業コストが下がったことや、起業を支えるインフラが整備されてきたこと、一部業界ではマネーがあふれていることなどから、再び起業熱が上がってきている。

それ自体は歓迎するべきことであるが、一方で、以前よりもｅｘｉｔを急ぐ傾向、また、急がせるアドバイザーなど、当事者、及び外野双方があるべきでない方向に向かってしまっている傾向が、一部で増えているのも事実なのかもしれない。

つまり、ＤＣＦやマルチプルといった、いわゆるバリュエーション手法やエクセル手法を中途半端に身につけた一部集団が、ｅｘｉｔバリューを前提とした「逆算エクセル経営計画」をもとに、ファイナンスを行なっているケースがかなり増えていると思われるので、注意が必要だ。そのようなケースでは、たとえば、資金調達規模と会社の成長スピードのバランスが崩れていたり、たとえば、先ほど出てきたＥＰＳ成長といった概念は存在していない。

ベンチャーにおける事業計画の進化の軌跡

計画を小規模の段階から作っているケースでも、最初は目先の資金繰りやPLだけからスタートし、規模が拡大するにつれてPL計画が徐々に事業部別、週次別、管理会計ベース等に詳細化・精緻化されていく。その後、企業活動が拡大・複雑化、または外部ステークホルダーが関与してくるにつれて、BSやCF、連結といった箇所が強化されるというように進化していくのではないだろうか。

当然、上場ということになると、同業他社比較等での資本効率性などを外部から求められるため、それに応じた管理指標の管理などが必要になる。

執筆者の中の1人は、実際にそういった会社で事業計画の策定責任者を務めていた経験がある。上場直後に連続数件のM&Aもやり、まさに単体から連結へ、国内だけでなく海外へも事業領域が広がり、といった過程を経てきた。そういった過程で、まさに上場前のPLオンリーの状況から進化してきたわけであるが、三表連動の計画を策定することに始まり、やはり徐々に精緻化、徐々に詳細化していったのを覚えているという。ある程度規模が大きくなってくると、そもそもしかるべき数値をフォワードルッキングで見られないようでは危なっかしくてやってられないという必要に迫られて、という側面も当然あったのだろう。

そもそも、先ほどのベンチャーの例と同様に、上場後の急成長のフェーズなど、非常に環境変化が激しい場合は、事業計画そのものを、先月の実績と照らし合わせて過去を議論するための材料ではなく、足元の状況を踏まえて今４半期や今期の着地がどうなるか、そのための財務ニーズは何か、といった将来をシミュレートして対応を迅速に行なうためのものとして位置づける必要があるのだ。何せ、既存事業そのものの急拡大に加えて、上場後数カ月でまた資金調達を実施、そして、資金調達の翌月からＭ＆Ａを連続して発表、という流れ、スピード感で物事は進行していく。

そして、計画を策定する際にも、今まで述べてきたような方法、すなわち事業の経済性や環境、戦略の構築と理解といった事業上の話、それを支える財務の視点といった大所高所のパーツに加えて、三表連動の概念が当初なかった会社であったがゆえに、ＰＬの各科目の固定・変動の区分けや変動要因、そして、それぞれの科目が、ＣＦ、ＢＳ科目とどういったロジックで連動しているかといった基本構造を理解し、戦略的施策をどのように数値に反映すべきかといった複数の要素を組み合わせつつ、地道に改善を加えていったという。

なお、その進化の過程では、施策を含めた事業面をおざなりにして、数値集計や目標数値を置くことにとらわれていると、実態を反映できていない、なんだかしっくりこない計画ができあがり、数年後には計画策定が単なる「恒例イベント化」するという事態が待ち受けている。事業計画がないまま組織が肥大化したケースも、結果としては同様になってくるが、事業内容がシンプルであれば、リカバリーのチャンスはまだあると言える。

経営シミュレーション機能としての事業計画の重要性

一方で、深刻なのは、成熟した市場環境において長い歴史を持ち、複数事業を営み、なおかつ、組織が大きく、企業経営にとっての不確実性が高い状態であるにもかかわらず、まともな事業計画を持たずにきてしまったケースである。

ここまでくると、自社のリソースの棚卸は言うまでもなく、経営の実態がつかめていないケースが多く存在することとなる。

いずれにせよ、それなりの企業規模になってくると、それぞれのステージにおいて、計画策定の目的は変わってくる。成長中の企業であれば、事業からのキャッシュ獲得能力をいかに（事業投資や外部資金の獲得という手法で）企業拡大につなげるか、または、内外からのキャッシュ創出能力と成長スピードのバランスをいかに取るかや、それらの能力をいかにわかりやすく投資家など外部に説明するか（資金計画に裏づけされた成長ストーリー）が非常に重要になってくる。

成熟ステージの企業においても、資本コストを意識した収益機会の模索や事業ポートフォリオや自社リソースの大胆な入れ替えなどの意思決定が求められる。

また、再生ステージの企業では、いわゆる財務的ＢＳ改革実施の青写真を描くうえでも、自社のキャッシュ・フローの状況と、自社の事業、及びキャッシュ・フローの蓄積としてのＢＳリソースの把握が重要になってくるし、そもそも必要なのはＰＬ的打ち手なのか、ＢＳ的打ち手なのかを判断する材料であり、打ち手の具体策を早期に練るという意味でも精緻な計画が求められる。

すなわち、理想を言えば、どんな企業であっても、現在、または現在及び将来の自社の健康診断をして、外部環境・内部環境の変化に応じて迅速な意思決定を可能にするという意味においては、精緻度や詳細度は異なるが、従来的意味での目標としての固定的な事業計画ではなく、本書で示したような経営のシミュレーション機能を備えた事業計画の策定が求められるのだ。

その中で、どこまでの詳細化を図るか、ＰＤＣＡの頻度をどうするかといったところは、個々の企業の状況に応じて修正を加えていけばよい。たとえば、ベンチャー企業の例で考えると、自分たちがわかっている国内の本業については、大まかな計画にとどめるが、今まで経験したことのない投資額を伴う動き、たとえば、経済構造の異なる新規事業への進出や海外への進出にあたっては、精緻な計画を作って、自社のリスク許容度をシミュレーションしてみるといった具合だ。

また、ＰＤＣＡの頻度について言えば、ベンチャー系の企業では、たとえば、まとまったシステム開発会議は週次開催が当たり前という世界だったりもする。だからこそ事業の数値管理も、過去の月次管理に使用するのではなく、足元の環境変化を踏まえて、来月や今年の着地がどうなるのかを照らし合わせるシミュレーションの手段として、毎週クイックにやってもいいわけだ。

事業のスピードが速いからこそ、事前事前の対応が求められる。

財務で言うと、資金ニーズが足元にあるのに、「今から準備」では遅い。そうではなく、足元の状況を踏まえて、どういった資金ニーズが、いつ頃発生しそうなのかを考え、その際に想定されうる自社にとっての選択肢と照らし合わせて、事前に動くことが求められる。先ほどのEPS成長の話ではないが、今後想定される事業計画に合わせた、身の丈に合った資金調達を行なうという意味においても重要だ。

冒頭の「計画不要を謳う成長市場」に属するベンチャー企業であったとしても、海外進出の例ではないが、組織や事業領域が広がるにつれて、自身の足元と、その先を照らしてくれる羅針盤が必要になる。徐々に、自社の成長と合わせた経営管理、リスク管理が求められるということを考えると、いずれかのタイミングで舵を切るのがベターであろう。

繰り返しになるが、事業計画は、自社の健康診断機能をも備えているため、策定作業とシミュレーション機能を通じて、自社にとっての事業戦略上、及び財務上の自由度・選択肢がどの程度あるのかを、平時の段階から把握しておくことが可能になる。

したがって、現在、業績が安定している、好調であるから真面目にやる必要はないという議論ではなく、現在の事業環境が変わった場合（ベンチャーのケースでは「急変」が想定される）や、外部環境の変化に対応する力を鍛えるうえでも、非常に重要になってくる。

経営においては、事業と財務の両方の分野における活動が求められる。そして、事業運営を行なう環境が激変する世の中においては、事業と財務の現在、及び将来のポジションを表す羅針盤が求められており、だからこそ、本書で示すようなシミュレーション機能を備えた事業計画の重要性が一段と増しているのだ。

IGPI流チェックポイント10

成長の速い企業こそ、シミュレーション機能を持った事業計画を活用する意義がある。変わる姿を頭で想像するだけでなく、リアルに見ることが経営判断力と機動性の向上につながる。

第4章

勝ち抜きシナリオを探る

——事業戦略立案のノウハウ

本章の位置づけ：事業計画と事業戦略

第2章でも触れているが、事業計画は5つのコンポーネントに分けられる。すなわち、

①会社の基本哲学であるビジョン（目指す姿）やミッション（社会的な使命）やバリュー（大切にする価値観）をベースとして

②会社全体が今後進んでいく基本的な方向性と個別の方針である、事業戦略、機能戦略、地域戦略（あるいは、事業戦略、財務戦略、組織戦略、オペレーション戦略などに分類することもある）

③戦略という大方針を具体化するための個別の打ち手と推進体制

④多様な打ち手を時間軸に展開しているアクションプラン

⑤そして、アクション全体と期待効果・目標値を結びつけている将来の数値計画

でおおむね構成されている。

本章では、これらの事業計画全体のコンポーネントの中から、とくに、「②事業戦略」について深く考察していく。それなりに専門的な内容も含んでいることもあり、まずは、この章の狙いについて触れておきたい。

会社の事業方針を根本から変更しなければならない状況にある企業は、いつでも少なからず存在する。新聞や経済誌に「大幅な業績下方修正」との記事が頻繁に出てくる業界では、ほぼ例外なく、多くの企業が「事業戦略を根本的に見直さなければ、勝ち抜いていけないし、生きていけない」という認識を持っている。

また、業績不振ではなくても、グローバルで熾烈な競争が繰り広げられている業界、あるいは業界変化の速いＩＴ業界などでも、「事業戦略をタイムリーに見直さないと勝ち残れない」と意識している企業が多いはずだ。数十年に一度の非連続的かつ急激な変化が起きているわけではなくても、インダストリー（産業）によっては事業戦略を数年、あるいは、もっと短い時間軸で見直すケースが通例だったりする。このようなインダストリーでは、事業戦略の有効性、「戦略の寿命」は、どうしても短くなってしまうからだ。

国や地域をまたいだ事業環境の質的変化や技術の進化の影響を受けるグローバル・インダストリーは、その典型例だ。もし、「過去から現在までの延長上に明るい将来が描ける」企業があるとするなら、それは稀なケースと言えるだろう。

日本のローカル・ビジネスにおいても、意思決定の高度な的確性と適時性が会社の命運を分けるような切迫した状況にある会社はある。すなわち、会社の将来を大きく変えてしまうような「作る・捨てる・変える」の意思決定に迫られている会社である。

ただ現実の世界に戻ってみると、年次の事業計画の策定時において、毎回、事業戦略を抜本から見直している企業はほとんどないことに気づく。外部環境の変化を受けての数値目標の修正や、オペレーション効率などの生産性を上げていく改善型や改良型のアクションプランが中心の事業計画が大半だろう。

その多くは、その年にどうしても事業戦略を大きく見直さなければならない必然性が必ずしも高くないことが背景にある。しかしながら、本来は抜本的な事業戦略の見直しが必要であっても、業界の構造変化がジワジワと起きているために、それに気づいていない「ゆでガエルになる一歩手前」の会社もかなり存在するはずだ。ジワジワと外部環境が変化する場合、そのインパクトを読み解くのは難しく、いつ事業戦略の抜本的な見直しと方向転換の意思決定をすべきかの洞察も困難だ。そのため、ゆでガエルになってしまうのである。

過去には、デジタル化やインターネットのインパクトもそうであっただろうし、アジア新興国マーケットの成長だけでなく、人件費などの単位コストが構造的に上昇してく現象も、また、国内における労働人口の減少も、かなり広範に影響を与える「ジワジワくる変化の波」である。

今は、まだ話題のキーワードとしてしか認識していない方も多い、「ビッグデータ」や「ＩｏＴ（Internet of Things：モノのインターネット）」についても、インパクトを与えるインダストリーは将来的にはかなり広い。

本章では、これらの問題意識を背景として、事業戦略の抜本見直しをする際に、我々が「どんなことを考え、どう事業戦略を組み立てるのか」についてのノウハウを紹介する。

皆さんが、今、劇的な環境変化に直面しているなら、事業戦略を見直し、事業の方向性を変えていくために、すぐに役立てていただきたい。

また「今のところは大丈夫なはず」と感じている読者にとっては、「いつまで大丈夫なのか？　また、自社の事業戦略の有効性はどのくらいなのか？」という意識で読み進めてもらいたい。さらには、金融機関や複数の企業の株主になっている会社や、取引先が数多くある会社の方にも、理解を深めてもらいたい。事業戦略の立案や軌道修正のための戦略レビューをするスキルや経験がないと、必要なときに有効なアドバイスをすることはできないし、適切なモニタリングをすることもできないはずだからだ。

なお、紙面の都合上、事業の見立てについて、基本的な知識の解説は十分にできていない。そのため、読者によっては難解に感じる箇所がかなりあるのではないかと想像している。頻繁に出てくる、インダストリー固有の経済メカニズムについては『ＩＧＰＩ流　経営分析のリアル・ノウハウ』（ＰＨＰ研究所）に数多くの例を紹介しているので、そちらも参考にしていただきたい。

11 「エンドゲーム」を見極める

対象とする事業（業種・業態）に特有の勝ちパターンの見極めを

業界によって優勝劣敗の構図や最終的に行き着く姿はかなり異なる。圧倒的な勝ち組と大半の負け組（撤退組）というように、勝ち負けがクリアになる業界がある一方、勝ち負けがクリアにならない業界もある。技術進化や市場構造の変化など事業環境が大きく変わる局面でも、業界によって「勝ち組の企業像」は一様ではない。

勝ち組の企業像としては、グーグルやアマゾンなどのＩＴ系プラットフォーマーは典型例の１つだ。豊富な資金力をバックに、将来の成長エンジンとなる企業・組織の買収を繰り返しながら、変化のスピードが激しいＩＴ業界における覇権争いで、常に勝ち抜くべくＩＴプラットフォームを強化している企業像である。

また、ＧＥやジーメンスのように、スケール効果と経験蓄積が競争優位に結びつきやすい事業領域を選択し、自力での事業規模の拡大と買収企業のインテグレーション力をベースに、世界トップクラスの複数の事業を強化してきた企業像もある。キーエンスやファナックのように、コアコンポーネント技術とそのソリューションノウハウをベースに、ある特定の生産プロセス領域で極めて高いスイッチングコストを築いているタイプの勝ち組の姿もある。

ローカル企業でも圧倒的ポジションを作っている企業はある。東急電鉄や小田急電鉄のように、展開地域における鉄道などの交通インフラで、独占的地位を築いている勝ち組の姿である。

では、優勝劣敗の構図は何によって決まるのか？　そして最終戦争の姿（エンドゲーム）の姿はどうなるのか？　勝ち組にはどうすればなれるのか？　ここからは、事業戦略を立案するうえで、重要なこれらの問いについて考えていく。

まずは、「勝ち組になるための定石（＝勝ちパターン）と、自社の進むべき道（＝自社固有の事業戦略）はどういうプロセスを経て見極めていくのか？」について取り上げる。

いったん、ビジネスの世界から離れた例で考えてみよう。スポーツ好きのあなたが、出身校の校長から、「いくつかのスポーツ種目の中から、常勝チームを作りたいので、いずれかの種目でアドバイザーに就任してほしい」と依頼されたとする。あなたは、候補となる種目とチーム戦績などの基本的な話を聞いたあと、何を考え始めるだろうか。

多少はそのスポーツを知っているかもしれないが、監督の目線で、勝ち負けについてゼロから学ぼうとするだろう。ルール、優勝のために必要な勝率の把握、チーム編成、必要な資金や設備など、大雑把でも全体像を捉えようとするはずだ。そのうえで、「勝ち負けを左右する要因は何か」「チームを引き受けたら何と何をするのがよいか」との根本の問いに戻ってくるに違いない。残念ながら、その結果、校長に「この種目ではとても勝者にはなれないので、他の種目であれば検討したい」と進言することになるかもしれないが。

実際に私たちも、事業戦略立案の局面において、この例のように、全体像を押さえつつ、なるべくゼロベースから、シンプルに考え始める。また、世の中で常識と言われていることにもとらわれないように気をつけている。「魅力的かつ勝てる事業はどれか」「業界における成功の方程式は何か」「最も優れた結果を出すためにどんな手段が最良か」「どんな経営資源を揃え、どんなマネジメントをしていくべきか」「それによって勝つ可能性はどのくらい高まるのか」など、かなり基本的な問いに答えようとしているのだ。

ある種目について、「勝ち負けを左右する要因」が見えてきたとしよう。その次には、チームが置かれている状況によって、やることとは異なるはずなので、「チームにとってやるべきことは何か?」と考えを進めていくはずだ。事業戦略の立案についても同様で、自社が業界トップなのか、下位のプレーヤーなのかによっても導出すべき戦略は異なる。顧客基盤がしっかりしている業界の老舗なのか、隣接事業分野から新規に参入しようとするプレーヤーなのかなど、自社の置かれている状況やスタンスによっても異なる。

この例に示したように、1つのわかりやすい思考パターンとして、まず「勝ち組の姿」「勝ちパターン」を見極める。そして、それを鏡にして、「自社の優位性はどう活かせるのか」をクリアにするアプローチがある。この考えを、事業戦略立案に当てはめると、4つのステップに整理できる。

1. 当該インダストリーにおける「エンドゲーム(最終戦争)の姿」や「勝ち組の姿」を洞察すること
2. そしてそこに行き着くための「勝ちパターン」(ゲームのルール、1つあるいは複数の成功のセオリー)を見極めること
3. それを鏡にして、自社の競争力の源泉(コアコンピタンス)や経営モデルを照らし

図表27　自社の事業戦略の導出ステップ

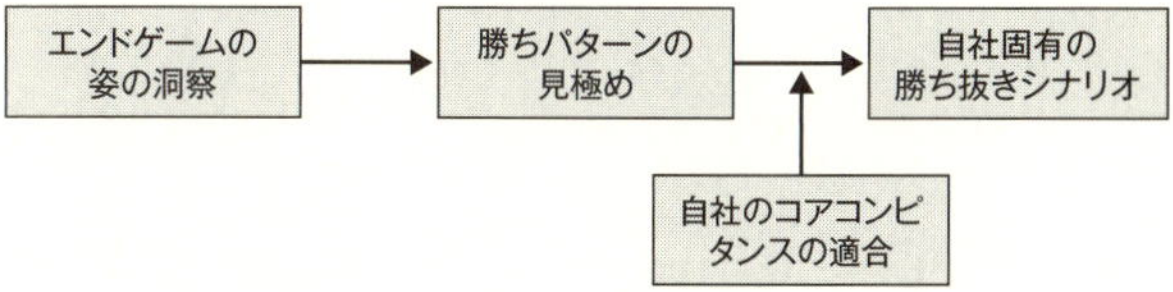

合わせてみること

4．自社にとって固有の勝ち抜きシナリオ（自社の事業戦略）を導き出すこと

「1つの思考パターン」と書いたが、実は、事業戦略の立案にはさまざまな考え方や検討のアプローチがある。たとえば、ヘンリー・ミンツバーグの『戦略サファリ』（東洋経済新報社）には10の学派が紹介されている。ただし、本書は、数多くの考え方を網羅、整理するのを主目的にしていないため、「①勝ちパターンを見抜く、②それを鏡に自社の勝ち抜きシナリオを組み立てる」という考え方を基本に、各々のプロセスでの「考えるための道具」を紹介していくことにする。その後、少しだけ他の考え方について触れることにしたい。

まずは、「エンドゲームとは何を示すのか、どう見極めるのか」から始めよう。

当該事業のエンドゲーム（最終戦争）の構図を推察する

ある業種や業態において、「5年後、10年後に、勝ち組と負け組がクリアになったとき、それはどんな構図になっているか」を、じっくりと考えたことはあるだろうか。その業界において、競争がとことんまで繰り広げられ、最終的にどうなっていくのか。競争が徐々になくなっていき、業界の構造が安定してきた姿と言ってもよい。

我々は、この状況を、「エンドゲーム」と呼んでいる。もちろん、この収斂《しゅうれん》した状態も、予期できない巨大な地殻変動（技術的なイノベーションやマーケット側の非連続的な変化）が起これば根本から崩れるが、予測できる時間軸・範囲において、「エンドゲーム」を推察してみるのである。

なぜ、そんなことをするのだろうか。資本主義の世界では、必ず勝ち負けが存在する。将来の業界の縮図は、業界特有の勝ちパターンの洞察を容易にするからだ。加えて、勝ちパターンがクリアになることで、自社固有の勝ち抜きシナリオを描くための大きな手がかりが得られるからである。では、どうやるのか？

我々は、エンドゲームを見極めるために、まずは業界の特性・特徴に着目する。とくに、業種業態特有の経済メカニズム（インダストリー・エコノミクス）は重要なので、いくつかの例を挙げながら話を進めていく。

「資本集約」「労働集約」という対比を聞いたことがある方も多いだろう。資本集約型産業とは、建物設備、機械装置などに多くの資金を投下する産業で、鉄鋼（高炉）メーカーや化学メーカー、電力会社などの業種がこれに当たる。反対に、労働要素の比重が高い産業、たとえば日本の農業やサービス業などを総称して、労働集約型産業と言う。

大きな資金を投下するビジネスでも、創薬メーカーのように、資金を投下する対象がR&D投資やR&D成果の買収になるインダストリーもある。また、純粋に機械装置などの設備に大きな資金が必要なビジネスもある。時に、前者を資本集約、後者を設備集約と区別したりもする。労働要素の比重が高くても、弁護士のように法律知識とその解釈や適用をビジネスにしている業種もあれば、伝統工芸などの手工業のように熟練さが重要な業種もある。前者を知識集約、後者を技能集約と区別して呼ぶ場合もある。

では、業界の特徴の違いでエンドゲームはどう異なるのだろうか。資本集約型、設備集約型の産業では、大雑把に言うと、何度か繰り広げられる大規模な資金投下のゲームにおいて、もともと資金余力が高いプレーヤーがより高い確率で勝利し、最終的には「大金持ち」になった限られたプレーヤーだけが勝ち抜く世界になっていく。残念ながら、「貧乏人」には、シンプルな資本集約や設備集約の競争においての勝ち目はない。

とくに、設備集約型のビジネスにおいて規模の経済と経験曲線の効果が同時に効くインダストリーでは顕著である。たとえば、世界の半導体チップ製造を一手に引き受けるファウンドリー事業においては、企業体力（＝資金力）が勝ち抜くための必要条件となる。

一方、労働集約、あるいは、知識集約、技能集約になると、「大きいこと＝勝てる」という図式には必ずしもならない。理容・美容院を例にとろう。技能集約の側面もあるが、基本的には労働集約型のビジネスと言える。ＱＢハウスのように低価格帯・多店舗化によって成功しているプレーヤーもいるが、同じ地域にうまく運営して稼いでいる理容・美容院も同時に存在するはずだ。

チェーン化している企業は、共通設備などの導入やマニュアル化によって、省力化、回転率向上、技術優位、コスト優位を図っているに違いない。ただ、渋谷駅周辺エリアにおいて、どんなに優れた理美容チェーンでも、低価格帯の理美容をすべて駆逐するような強い競争優位は作れないだろう。ヒトがやっている（ヒトにかかるコストが大きい）からである。

法律事務所も意外と似ている。日本には片手程度の数の法律事務所を大手ファームと呼ぶようだが、同時に小さな法律事務所も数多く存在する。労働集約、知識集約、技能集約は、基本的には、競争力の源泉が組織構成員の各々の労働力、知識、技能になるために、エンドゲームになっても「いろいろなプレーヤーが数多く存在し続ける」ことになる。資本集約や設備集約型の業種が、「勝ち抜いた数少ないプレーヤー間の競争に収斂される」のとは大きな違いである。

ただし、同じ、知識集約、技能集約でも、ＩＴ業界では様相が異なるケースがある。マイクロソフトは、叡智《えいち》を結集して、エクセル、ワードを生み出し、グーグルは叡智を詰め込み、検索エンジンや各種テクノロジーインフラを提供し、世界を席巻している。

法律事務所と同様に、知識・技能集約には違いないのだが、叡智を注ぎ込んで開発したテクノロジーの規模効果が大きく、限界コストが極めて低い（どの利用者、どのＰＣでも同じテクノロジーを適用できるため、膨大な開発コストがかかったとしても、利用者数が無限に広がれば、利用者当たりのコストはほとんどゼロになる）ため、「勝ち抜いた数少ないプレーヤー間の競争に収斂される」方向に業界再編が進む。このように、非連続的かつインパクトが大きい技術進化を生み出した少数の天才によって、圧倒的な勝者が生まれる局面がある。

思考実験としては興味深いので、法律事務所の世界にITの技術がどんなインパクトを与えるかについて考えてみよう。M&Aなどの法人向けにサービスを行なう法律事務所においては、契約書の修正を繰り返しながら、最終化させていくプロセスがある。M&A交渉は高度な知的駆け引きをやっているわけだが、契約書に落としていく知的・技能集約的な業務が、ビッグデータ解析やクラウド化によって、人間の手がいらなくなったとしたらどうなるか。そのクラウドに蓄積された膨大な叡智は汎用性が高い。また、普遍的であるため、エクセルなどが出現して複雑な表計算が一度にできるようになったように、ビッグデータが詰まった弁護士業務専門ソリューションを持った法律事務所が、圧倒的なコスト競争力で業界を一気に集約させていくかもしれない。

エンドゲームは全世界オープンか、地域クローズか

エンドゲームを見極めるのに、もう1つ重要な視点がある。それは、業種や業態に特有の地域性（ローカル性）だ。説明をする前に、直感でかまわないので、以下の業種業態を、競争の地域的な広がりや商圏の単位が狭い順に並べてみてほしい。

A「地場の銭湯（スーパー銭湯ではない）」、B「ゴルフ練習場」、C「バス会社」、D「和菓子メーカー」、E「基礎化学メーカー」、F「屋根瓦メーカー」、G「ECサイト」、G「創薬メーカー」。

業種によって、商圏単位や競争の土俵の広さが異なることがわかるだろう。文化の違い、言語の違い、気候の違い、生活習慣の違いなどさまざまな要因によってニーズが地域によって異なると、ローカル性が生じる。たとえば、日本酒はかなりローカル色が強く、上位5社のシェアも30%強にとどまる。醤油も意外とローカル性が高く、全国でメーカー数が1000以上あると言われている。

製品・サービス特性や消費・購買行動によってもローカル性は生じる。自宅の近くで済ませたいタイプのサービス業、たとえばクリーニング店の場合、わざわざ遠方までは足を運ばない。規模の不経済が大きく働く業種業態もある。また、物流費がコスト全体に占める割合が高い製品の場合は世界中を相手にしてビジネスをするのは非効率になる。

たとえば、ペットボトルを作っているインドネシアの生産工場から、出荷されたペットボトルを全世界に運搬するということには絶対にならない。重たいが単価が低い製品、軽くてかさばる製品、運送途中で品質が劣化する製品（生鮮品、牛乳などの日配品、生コンクリート、ドライアイス等）は、仮に生産の規模効果がある程度効いたとしても、グローバル展開が経済的に合理的になることはない。

少し変わった例を挙げてみよう。コピーとプリンターの複合機が、世界のエリアによって、上位の顔ぶれが大きく異なるのはご存じだろうか？　たとえば、欧州各地域で上位メーカーが異なるのである。どうしてか、少し考えてみてほしい。

複合機は主に法人で使われているのだが、その地域において、数多くの法人顧客を押さえている事務機器や情報インフラの代理店における「高い店内シェア」を確保している複合機メーカーが、その地域において高いシェアを持つようになる。各法人の総務部などの担当セクションは、代理店を通じて、「複合機のどれがよいか、壊れないか」などの情報を得るのだが、（正直よくわからないので）代理店の推奨するメーカーを選択するためである。

このように最終購買者・ユーザーの機能・品質への理解と、供給側（メーカーや代理店）のそれらへの理解のギャップが大きい（情報の非対称性が大きい）製品では、このような現象が起きやすい。各地域における「チャネルカバーとチャネルコントロール」が重要なため、地域ごとに競争が閉じやすいのである。大塚商会のような事務機器を扱うチャネルを通じて多くの企業に複写機が設置されるという構造はどこの国でも同じである。そのため「チャネルの勝ち組をどのくらい押さえているか」によって、エリアごとの市場占有率が異なるという状態になるのだ。

複写機メーカーが地域の代理店やＩＴベンダーに資本参加し、地域を席巻しようとするのも当然である。このように、国、エリアによって、強いメーカーの顔ぶれが変わる背景には、インダストリー・エコノミクスのローカル性がカントリーレベルで存在するからなのである。

以上の例からわかるように、エンドゲームを洞察していく際には、「どの地域単位で競争が繰り広げられるのか」という事業特性における「ローカル性」も頭に入れておいてほしい。

さて、ここまでで、エンドゲームでの競争の構図についての「頭の体操」はある程度できただろうか。その業種・業態は、どれだけ設備集約的ビジネスか、資本集約なのか、労働・技能集約か、知識集約か、どれだけローカルコストが高いか、非連続的なイノベーションが起きやすいかなどを見ていくと、エンドゲームでの競争の姿が浮かび上がってくるのである。

図表28　インダストリータイプによるエンドゲームの違い

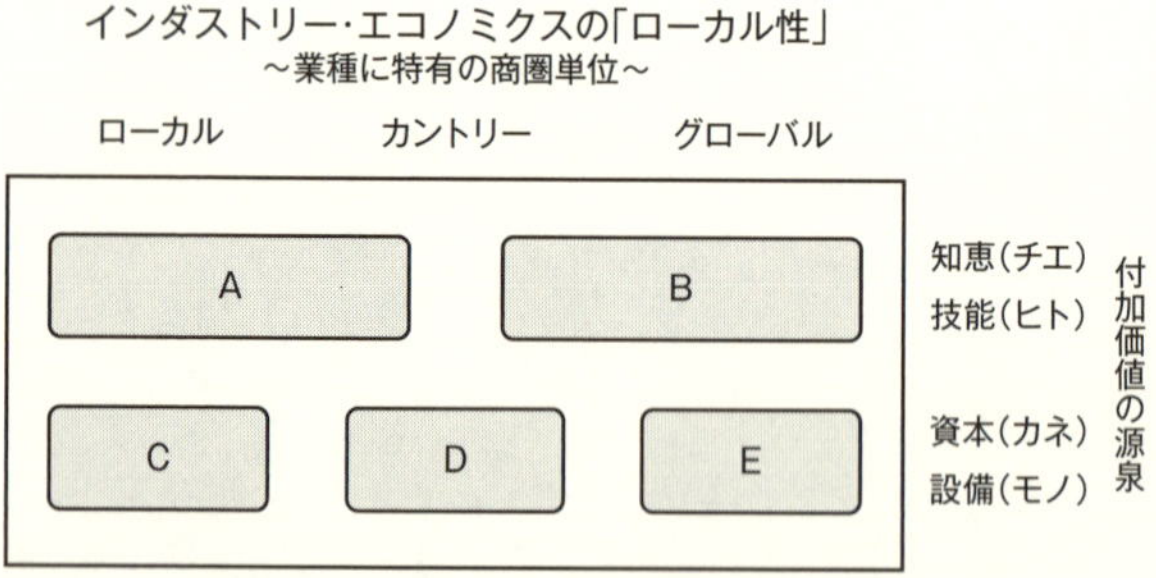

横軸に、「エコノミクスのローカル性（事業の商圏単位の広がり）」、縦軸に、「技能集約・知識集約」「資本集約・設備集約」をとった図表28を見てほしい。

左上の象限Aは、ローカル性が強く労働・技能集約なビジネスで、多くのサービス産業が入る。規模の不経済と密度の経済性が働くため、経済原則的に広域化・規模化が優位性を高めることにはつながりにくい。そのため、各々の小さな商圏において、オペレーション効率を高い次元に持っていった会社や店が儲け続ける一方で、参入や撤退のハードル（障壁）は必ずしも高くないので、頻繁に新しい顔ぶれが出てくる世界になる。飲食店やクリーニング店は典型的な例であろう。

対照的なのは右下のE。設備集約・資本集約で、エコノミクス上ローカル性が低い業種であり、グローバルスケールでの圧倒的な投下資金ボリュームによって、優勝劣敗が明確に決まってしまう。ここでは、世界の覇者はせいぜい数社という生き残りゲームになるので、半導体メモリーや大型ディスプレーのような「メガプレーヤー間のパワーゲーム」に、どこかのタイミングから突入する運命にある。

ただ、Ｅのような完全なグローバルゲームになるインダストリーは、さほど多くはない。たとえば、電機産業の数多くの業界は、設備集約・資本集約なのだが、中程度のローカル性（国家単位、ＥＵ、北米、東南アジア圏等のエリア単位で商圏が閉じている）を持っている（Ｄ）。前述したように、複合機業界がその例である。日本企業含めて、数はかなり多いが、エリア単位で上位の顔ぶれが異なる。繰り返しになるが、このようなインダストリーでは、エリア支配力が高い地域をどのくらい持っているかが鍵となる。グローバルベースでのパワーゲームにはなりにくいので、強いエリアを持っているプレーヤーがエリアごとに棲み分け、併存する構図になる。

複合機も比較的日本プレーヤーが多い業種だが、国内に市場が閉じている設備集約型の産業では、総じて業界全体での合従連衡が起きにくいという特徴がある。設備産業であるために撤退障壁がとても高く、需給バランスと他社の撤退状況によっては、残存者利益がもたらされる可能性すらあるからである。化学メーカーの集約がただちには進まない理由も、少なからずこのような事業特性が影響しているはずだ。

右上の象限Bには、主に科学技術イノベーション（知識や技能の結集）によって、世界中の競争がガラッと変わる業界が当てはまる。ITのプラットフォーム（フェイスブックやグーグル）間で繰り広げられる覇権争いもそうであるし、センサー素子モジュールなどの精密機械設備におけるコアデバイスにおいては、多くの「ニッチ・グローバル」プレーヤーが存在する。

最後に残った左下の象限Cについても紹介しよう。ここは、業界としてのローカル性が高く、また資本・設備集約型の産業である。ＩＧＰＩが事業を行なっているバスオペレータなど、多くのローカルインフラ産業がここに入る。いったんその地域内で高いシェアを築いてしまうと、設備・資本集約であるがゆえに、わざわざ新規に参入してくるプレーヤーもいないという寡占・独占の状態になっていく。

さて、これまで「エンドゲーム」について考察を重ねてきたが、将来の競争の構図を洞察することは、自社の本業の長期の事業構想を検討するときに欠くことのできないものであり、新規事業やM&Aの活動をしていく際にも極めて重要な要素となる。「どのようにゲームが収斂していくか」がわかっている場合とそうでない場合では、描けるゲームプランがおのずと異なるからである。

インダストリー・バリューチェーン全体の「付加価値分布の変遷」を先取りする

さまざまなインダストリーで、俗に言う「スマイルカーブ」の現象が起きている。インダストリー全体を川の流れ（上流・中流・下流）にたとえ、インダストリー全体で付加価値（儲けシロの厚さ・薄さ）の分布を見ると、上流や下流に比べて、中流（川中）のプレーヤーが付加価値が薄くなる（儲からない）現象のことである。

ＡＶ機器やＩＴ機器など、コンシューマー向けの電機産業では数多くの製品群で起きている。たとえば、ＰＣのキーコンポーネントであるインテルなどのＣＰＵメーカーや、グラフィックチップメーカー、テレビのパネルで使う希少金属材料メーカーといった川上のプレーヤー、それも独占的な地位を築いているプレーヤーは莫大な利益を得ている。また、ユーザーとのインターフェースやコンテンツプラットフォームの地位を支配したグーグル、マイクロソフトなどの川下のプレーヤーに利益が集中している。それに比べると、川中でモノづくりをしていた完成品メーカーはほとんど儲からない。

もはや、ＰＣをすべて内製している大手完成品メーカーはない。ＰＣだけでなく、さま

図表29　スマイルカーブ現象

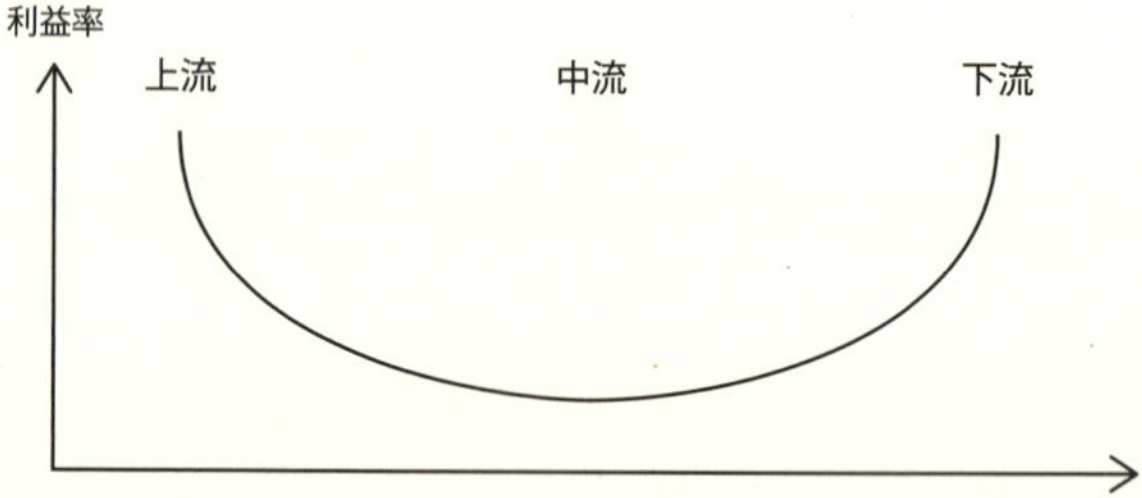

ざまな製品のアセンブリを請け負う専門の会社「製造受託会社」（ファウンドリー）に委託するほうが安価になるからだ。そのため、大規模なファウンドリー企業は、アセンブリのプロセスでスケールメリットを享受して多額の利益を上げられる。他方、自社ブランドを持つハードメーカー（ファブレスメーカー）は、川中の「製造プロセス」でコスト優位も差別化もできずに、価格競争に陥り、各社ともに儲けの多くを吐き出してしまうのだ。

これは、ＰＣに限ったことではない。ある製品・サービスが黎明期から成熟期に進んでいく（コモディティ化）と、顧客ニーズに合致した製品・サービスの開発競争から、事業全体の効率化へと競争が移っていく。それによって、ほぼ例外なく、インダストリーの各所で特定の機能にフォーカスしたプレーヤーが現れる「水平分業」という変化が起こり、結果としてスマイルカーブ現象が生じ始める。

本来、規模の経済性が効きやすい機能は、水平分業されやすい。製造受託（ファウンドリー）がその代表例だ。表計算ソフトやワードなどのソフトウェア、SNS（ソーシャル・ネット・ワーキングサービス）など、ネットワークの外部性が効きやすい事業の場合は、プラットフォームの地位を、誰かが獲得するというエンドゲームが待っている。情報蓄積とその活用（知識集約型の事業）でスイッチングコストを高められる事業であれば、AIやビッグデータの進化も相まって今後もさまざまなプラットフォーム型の企業が現れるだろう。

上流では、希少天然資源（希少金属だけでなく、特定ワイナリーのブドウなども）、技術障壁が高い新素材（炭素繊維など）や各種センサー（高機能CCDなど）などのコアコンポーネントを保持しているプレーヤーが、高い収益を生み出す。

また、中流プロセスでは、半導体ファウンドリー（大規模の半導体製造受託）、PCなどアセンブリファウンドリーなどに収益が集中し、中途半端な規模で生産しているプレーヤーは、誰も儲からないという状況になっていく。

次にBtoB、BtoCで何が異なるかを見てみよう。BtoBでは、最終顧客が企業であるため、経済的にスイッチングコストを高める手法が広範に適用しやすく、業種特有のプラットフォームを作れる余地がかなりある。最近、ドイツ政府が産官学の総力を結集して、新しいモノづくりのやり方を目指した構想を掲げており、Industrie 4.0との名称で話題になっているが、それもモノづくりにおけるプラットフォームの奪取を目指すものである。オートメーション化による大量生産のモノづくりをさらに進化させ、ドイツに広く存在するさまざまなモノづくりの現場をIT技術で自由自在に操り、適所で適時に適量のモノづくりをしてしまおうという発想である。

BtoCでは、製品サービス特性によって、スマイルカーブの顧客側を押さえるプラットフォーマーの形態は異なる。製品によっては、川下側でプラットフォーマーが現れにくい（スマイルカーブにならない）場合もある。川上でのコアコンポーネントで稼ぐプレーヤーは生まれるが、川中、川下ではほとんど誰も儲からない。付加価値の分布としては、スマイルカーブではなく、L字カーブの形状になってしまうケースである。

たとえば、①個人向けのウェアラブル端末とサービスのセットのビジネス、②4つのプロペラで飛ぶ小型のヘリコプター「ドローン」の個人向けのビジネスを考えてみてほしい。川上、川中、川下でどんなプレーヤーが、どのような理由によって高い利益を享受し、スマイルカーブ現象が作られていくだろうか？　それとも、川下でもプラットフォーマーは現れにくく、したがって、スマイルカーブにはならず、川上のセンサーメーカーだけが儲かる構図になるのだろうか？　理由とともに考えてみてほしい。

コラム

障壁ビジネスほど優勝劣敗の構図がはっきりする

ここまで、「エンドゲームがどうなるのか」について話をしてきたが、「エンドゲームが見通しやすい条件」とは何だろうか。「5年、10年といったそれなりに長い期間、特定の競争要因が持続的に強く働く業種業態はどんなタイプか？　それはなぜか？」との問いに置き換えてもよい。

たとえば、規模の拡大が圧倒的なコスト優位につながる（コスト優位）とか、顧客を独占するメカニズムが強く働く業種の場合は、比較的見通しやすい。そのような事業を、元来、高い競合障壁を築きやすい特性がある事業であることから、「障壁ビジネス」と呼ぶ。特定の打ち手を徹底的に講じることが、他社に対して強固かつ持続的な優位性を作れるタイプの業界である。そんな業界では勝ちパターンは何種類もない。のちほど詳細に見ていくが、付加価値（顧客が認める価値〈≒売上〉から外部からの調達〈≒仕入原価〉の差）が厚く、付加価値が、ある特定の打ち手に強く規定される業種業態である場合が多い。

一方、限定された特定の打ち手だけではなく、数多くの打ち手トータルで、勝ち負けや儲けの高低が決まる業種業態もある。たとえば、蕎麦屋。高価格の老舗蕎麦屋、安価な立ち食いそばチェーン、信州の駅前立地の蕎麦屋、老夫婦が自宅で営む超ローコストオペレーションの蕎麦屋。さまざまな業態、戦い方・儲け方がある。また、ロードサイドのファミリーレストランチェーン。立地と店構え、メニュー構成、価格帯、店内レイアウト、接客と、細かい具体的な打ち手の総合的な工夫によって勝敗が決まる事業である。このような業界は、多種多様な勝ちパターンが併存する。

こうした業種業態では、圧倒的な勝者と多くの負け組（消え去る）というはっきりとした構図にはならず、そこそこのレベルでやっていけるプレーヤーが数多く存在する状況にすらなる。そのため、どの勝ちパターンにするかを決めた後は、さまざまな打ち手を巧みに組み立て、オペレーションを磨き、生産性を地道に上げることが本質的には重要となるのだ。オペレーションの質の高さと、磨き上げ方・見直し方で、稼げるかどうか、優勝劣敗が決まることから、障壁ビジネスと対比して、「オペレーショナル・ビジネス」と呼んだりする。実は、多くのサービス業がそれに該当する。

IGPI流チェックポイント11

我々も事業構想の策定に行き詰まることがある。振り返ると、過去からの経緯や組織内部の事情、時間軸や領域の当初想定が邪魔しているケースが多かったのに気づかされる。エンドゲームを見極めることは、そのような思考の束縛から自由になるためにも有効である。

12 「勝ちパターン」とは

勝ちパターンとは「顧客と企業が太い糸で一直線につながっている状態」

インダストリーの構造的な変化や、業種業態のエンドゲームが洞察できると、その業種業態において今後の戦いで勝つための定石（勝ちパターン）にかなり近づいていく。ここでは、勝ちパターンと呼んでいるのが何なのか、何を目指すのかをクリアにしておきたい。なお、勝ちパターンとは、次のように表現できる。

「あるターゲットをあるベネフィットで強く捉え続ける状態を維持、強化するために、製品コンセプト、事業モデル、優位性基盤や組織特性といった要素の各々が極めて高く整合的になっている状態」

お客さん（需要側）から見ても、製品・サービスを提供している側（供給側）の事業活動全体から見ても、全体が整合的にピタッとはまっている状態のことである（図表30参

図表30　勝ちパターンとは

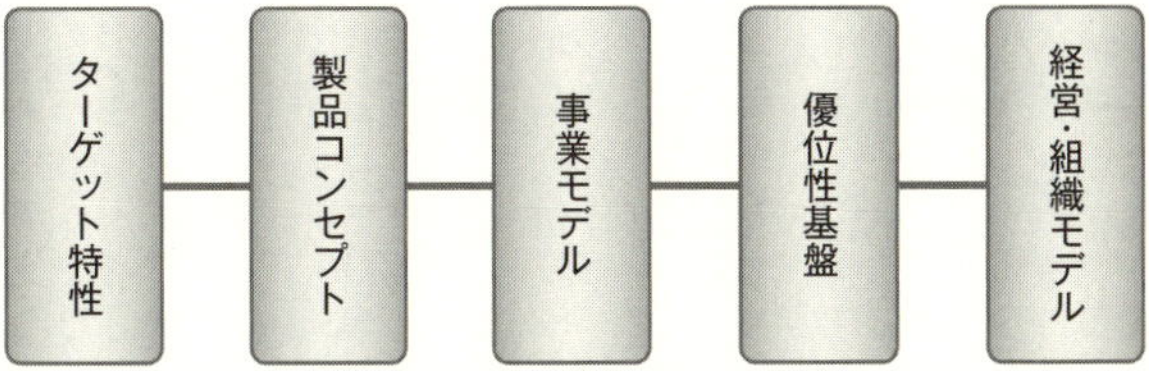

各要素をベクトルに置き換えたとき

勝ちパターン＝Max（$\overrightarrow{\text{ターゲット特性}}$×$\overrightarrow{\text{製品コンセプト}}$×$\overrightarrow{\text{事業モデル}}$×$\overrightarrow{\text{優位性基盤}}$×$\overrightarrow{\text{経営・組織モデル}}$）

＊上記はすべてベクトル内積

ターゲットセグメントの特性をベクトルa、製品コンセプトがベクトルbだとすれば、ベクトルaとベクトルbの掛け算（内積）が最大になっている状態

照）。数学が好きな人は、各要素をベクトルに置き換えたときに、すべてのベクトルの内積が最大化された状態というのをイメージされると理解が深まるかもしれない。

製品やサービスコンセプトとターゲット特性との関係においては、対象市場セグメントのニーズを的確に捉えるベネフィットを製品・サービスが提供し、かつ買い手の経済条件を製品ベネフィットが充足していること。

製品コンセプトと事業モデルの関係においては、ある事業モデルが、製品サービスを効率的・効果的に提供ができるものであり、収益モデルや投資回収モデルが、事業モデルの持続性と革新性を経済的に担保していることと。すなわち、製品コンセプトと事業モデルがうまくマッチしていること。

事業モデルと優位性基盤との関係においては、ある事業モデルで事業を運営する際に、競合障壁を常に高め続けるためのリソースである優位性基盤（技術であったり、事業規模であったり、資金力であったり）が、その運営主体に備わっていること。

最後に、経営組織モデルについては、事業ハンドリング主体の意思決定の主体である経営体制が、その事業モデル運営や組織優位性の向上にフィットしていること。また、組織の大きさや風土、組織拠点体制などが、これらを的確に推進していくうえで必要十分であること。たとえば、経営層のリーダーシップ、意思決定の適時性とスピード、実行の徹底さ、リスク体制、企業文化などが特定の事業を運営するうえで優れていること、である。

この「ターゲット特性」「製品コンセプト」「事業モデル」「優位性基盤」「経営・組織モデル」の各々の要素が一直線で、太い糸でつながっている状態を「勝ちパターン」と呼んでいるのである。弱い関係性しかない（細い糸でしかつながっていない、切れている）、あるいは、関係性がストレートでなく、ズレがある（一直線ではない）ケースは、勝ちパターンから外れた状態と言える。

勝ちパターンという言葉は「○○業界における勝ちパターン」などという表現で使う。

そのため、ある特定の企業に当てはめて使うことはあまりないのだが、勝ちパターンがどういうものかの理解を深めるために、工場で使われるセンサーを製造販売している会社である「キーエンス」という会社を取り上げる。営業利益率40％以上を維持している会社で、まさにセンサー業界の「勝ちパターン」の1つを体現している。

まず、キーエンスは、工場現場をターゲットとしてそのニーズを製品としてガッチリ捉えている。たとえば、ある工程における位置決めの精度と時間が生産性に大きく影響を与えることがわかった場合、そのニーズをしっかりと受け止められる製品コンセプトのセンサーモジュールをいち早く提供しているのだ。

口で言うのは簡単だが、実行するのは簡単なことではない。工場現場のニーズは、たとえば、代理店販売ではなかなかリアルには伝わってこない。また、ニーズがぼんやりとわかっても、センサーの開発や生産担当に伝わる言語でフィードバックしないと、ニーズを充足するセンサーモジュールにはならない。さらに、顧客企業側において、ある製造プロセスに対して問題意識を持っている担当者と、実際にセンサーを買う意思決定者が異なる場合も多い。ニーズに応えると経済的にはどのくらいのベネフィットをその会社は感じるのかも、会社側が明確に計算できるとは限らない。

そのため、これらを鮮明に理解し解決策を生み出せるように、メーカー直販という事業モデルをとっているのである。

もちろん、誰でも直販モデルにすれば成功するわけではない。キーエンス社内における製品開発力、品質管理力の高さという優位性基盤があるがゆえに、直販部隊が活きてくるのだ。顧客のところに直接行っても、そこで得た情報が適切に社内で活用できないと競争力にはつながらない。また、経営や組織も、事業モデルや優位性基盤をさらに強化させることにフォーカスを合わせている。各要素が「太い糸で一直線につながっている状態」が勝ちパターンであることがイメージできただろうか。

事業モデルとは、いったい何なのか

本書は、事業戦略の立案のノウハウを伝えることを意図しているが、勝ちパターンのところで「事業モデル」について言及したため、我々が事業モデルというものをどう捉えているかについて触れておきたい。

昨今、事業モデルについての本が数多く出版されており、さまざまな解説がなされている。何を事業モデルと呼ぶのかによって、事業モデルの定義はかなり異なるし、実際、本によってもさまざまな定義がなされている。一方で、厳密かつ説明的に事業モデルを記述しても、実際には、あまり役には立たないのも事実だ。本書では、製品コンセプトを具現化する仕組みを「事業モデル」と位置づけて解説しているので、「持続的な競争優位性を担保しながら、しっかりと儲けられる構造（収益モデルや投資回収モデル）を、事業の仕組みとして組織内に内在化させたもの」という説明にとどめておく。

重要なのは、事業モデルとして表現された「ワン・ワード」「ワン・センテンス」がどれだけ現実に使えるかであろう。社内外の説明という観点では、「会社の経営やオペレーションのやり方をわかりやすく示したもの」である必要がある。また、社内的には、組織全体のベクトルを合わせ、意図した方向に強く導くために、その方向に進んでいきたくなる魅力的な「ワン・ワード」「ワン・センテンス」であることが重要だ。

「事業モデル」としての説明がわかりやすく、ある会社の事業の方針やオペレーションのやり方にピタッとはまっていると、その企業・事業への理解が一気に進む。対外的にも社内的にも、「ワン・ワード」で伝えられるのはとても有益である。副次的には、異なる業種に属する会社であっても、業種を超えて成功しているエッセンスを学ぶのにも役に立つ。

このような観点から、「事業モデル」の使い方、すなわち「ワン・ワード／ワン・センテンス」が、そもそも、どのような対象に、どんな局面で使い、どのような効果を期待しているのかを、クリアにしておくことが大切だと感じている。

あくまで参考ではあるが、ここで、いくつか代表的な事業モデルのタイプを挙げておく。

勝ちパターンに着目している名称では、たとえば、グローバル・スケール・ビジネス、グローバル・ニッチトップ・ビジネス、地域ドミナント、オペレーショナル・エクセレンシー、プラットフォームなどが挙げられる。

自社が提供する付加価値や業界ポジションに着目している名称では、たとえば、垂直統合モデル、水平分業モデル、ファブレス（開発設計）メーカー、ファウンドリー（量産受託）型ビジネス、顧客の購買代理、販売代理などが挙げられる。

商売の型や収入モデルに着眼しているのは、広告ビジネス、従量課金モデル、マッチングビジネス等が挙げられる。他にも業態に近い表現としては、量販店モデル、SPAモデル、SNSモデルなどもある。

繰り返しになるが、自社の事業モデルの「ワン・ワード」「ワン・センテンス」は、その目的に合わせて、クリアに理解されるように磨かれていることが重要である。また、当然、妥当な事業モデルが組み立てられているかが、その大前提となる。事業モデルが、製品コンセプトとの関係、優位性基盤や組織風土や経営のあり方などとの関係において整合性がとれていることが、言うまでもなく重要なのである。

ちなみに、「事業モデル」だけでなく、有益な思考枠組みは、世の中にたくさんある。ただ、どれもある前提や意図のもとで考案されたために、安易に使用すると大やけどをすることもありうる。たとえば、ＳＷＯＴ分析（強み・弱み・機会・脅威の４つで企業や事業を分析する方法）は限定された状況でしか我々は使わらない。それはなぜか？　既存のフレームワークの奴隷になる危険があるからだ。

何によって優位性が築かれていくのか

ここまで、あまり解説を加えずに、競争優位という表現を使ってきたので、改めて競争優位を形成する基本要素、「競争優位の源泉とは何なのか」について掘り下げる。

まず、「コスト優位（他社よりも安く供給できる）」から考察したい。コスト優位とは、「他社よりも安く顧客に提供できるメカニズムが自社に内在化されている状態」を示す。

このコスト優位は比較的理解しやすい。

①主たる費目において、規模の経済性、密度の経済性や、範囲の経済性などによって他社を上回るコスト優位を作れる構造があり、実際に優位な状況にあること（規模の経済性が効く費目が多数あっても、それらの全体のコストに占める割合が低ければ、それによるコスト優位性の効果は限られる）。

②大きな費目において、そのコストを決定づけるリソース（要素コストと言う）を、他社よりも低い状態で入手できる仕組みを持っていること。すなわち、個々の費目に紐づく人件費、原材料費、電気代など単位当たりの要素コストが、他社よりも安く入手できること。アジア諸国での低い人件費をベースにした製造コスト競争はこの例である。また、何らかの理由により、追加的な費用発生が抑制できるようなメカニズム（多くが埋没コスト〈サンクコスト〉）があり、明確に競争優位性に大きく寄与する場合もある。

次に、コスト側とは対照的な、供給側が作れる「価値サイド」に視点を移そう。顧客の満足度を測る指標を単純化して、「価値／価格」で表したときの、分子の「価値」において、提供側が作り込む競合上の優位性である。顧客から他社よりも高い価値と認められる構造を供給者が持っており、顧客側から見ると、その製品やサービスは「高い値段を払ってでも買いたい」「同じ値段なら、こっちのほうが満足度は断然高い」状態を言う。すなわち、提供する製品やサービスが、「差別化（差異化）」されているメカニズムを保持しているのである。

少し脱線するが、「差別化」という言葉には注意が必要である。社内の議論で「差別化によって他社に対して優位に立つべき」との発言を耳にすることがあるだろう。ビジネス・コンサルタントも、安易に使いがちな表現だ。ただ、少し考えてみると、それが意味する「差別化」は、潜在顧客が認知する製品やサービスの「差」を単純に示している場合も少なくない。

新しく市場投入するタブレットＰＣの重量を例にとろう。同等機能品よりも数グラム軽かったとする。それは、本質的な意味で「差別化」（＝競争優位の源泉になりうるレベルの「差」）なのだろうか？

重量の差異を例に挙げたが、競争優位と持続性という観点で、本質的に、差別化されているといえるのは、２つの要素が満たされる場合である。

①潜在顧客（需要側）からの視点では、重量の差が購買の意思決定の重要な要素であり、

その差異ゆえに他の製品よりも高い満足度を見出し、高い経済負担も覚悟すること。

②供給側（競争）の視点では、その差別化された要素について、他社が容易に追随できず、その格差が比較的長期に維持される仕組みを供給側が組織内に内在化していること。

この2つを満たす仕組みが供給側に形成されていると、本質的な意味で差別化できていると言える。つまり、差別化とは、「その供給側の仕組みによって、他社の製品サービスとのコスト競争に陥ることなく、高い価格で売り続けることができる」「提供する製品サービス価値を、ずっと価格に転嫁し続けられる」ことと言い換えることができる。

ここまでで、供給側が、ずっと安いものを作れる場合、もしくは、価値あるものを提供できる場合は、その仕組みこそが、供給側の競争優位の源泉であると述べてきた。ここからは、製品サービス特性上、「需要側（顧客側）に競争優位の源泉が作れる」ケースを取り上げる。

まずは、需要側で作られるコストサイドの障壁、すなわち、顧客側の「スイッチングコスト」を考えてみる。スイッチングコストとは、顧客側が、他の選択肢に乗り換えるのに、多大な労力や時間やコスト負担、心理的あるいはリスク負担を感じるケースを言う。

嚙み砕いて言うと、「Aのユーザーであるあなたが、少々よいサービスに思えるBに切り替えることを勧められた。しかし、AからBに変えることに対して、あなたが感じるマイナス面はとても大きい。できることならばスイッチしたくないとの結論に至った」というケースである。

たとえば、製造ラインに一度入れた機械設備を新しくするのは、設備投資が必要なだけでなく、製造ラインを止めることによる売上の機会ロス、新設備を始動させたときの不具合が生じるリスクなど、顧客側に大きな負担が生じやすい。企業の情報システムも同じだ。業務システムを入れ替えたとして、それがストップしたら大変なことになる。これらのように、顧客が事業会社である場合は、さまざまな箇所で、「スイッチングコスト」が存在する。

供給側のプレーヤーは、情報システムの検討をした顧客に対して、初めはいくら安くしても契約を獲得しようという動機づけが働く。また、いったん顧客に納品した後はさまざまなやり方で、顧客にとってのスイッチングコストが上がるようなサービス提供などを行なっていくのも、そのためだ。これらは、すべて顧客側に「高いスイッチングコスト」という競争障壁の源泉を作るためである。

実は、「スイッチングコスト」は身近にも多く存在する。たとえば、まったく知らない土地を選んで引っ越す人は少ない。コンタクトレンズはいつも同じもの。歯医者さんはいつも同じ。どうせ飲むなら、このブランドのコーヒー。生命保険はいったん加入すると、他の商品をゼロから理解するのは大変だから放置している……。個人の場合は、法人と異なり経済的な理由よりも、心理的な要因などの非経済的な理由による場合も多いが、世の中には、たくさんの「スイッチングコスト」が存在しているのがわかるだろう。

最後に、顧客側に生じる「価値サイド」の障壁について考えよう。供給側がとくに働きかけなくても、「たくさん使うほど、使う仲間が増えるほど、ずっと使っているほど」顧客の満足度が高まっていく製品サービスで生じる。顧客の数の増加、顧客間のやりとりの量という、供給側ではなく、需要側に起きていることによって価値が高まる効果である。「限界効用の逓増の効果」が働く製品サービス特性を持つものが多く、その効果をある特定のプレーヤーがうまく優位性の源泉として取り込んで、競争上の障壁を築いている場合が多い。たとえば、文書ファイルや画像ストレージサービスは、使いこなすほど便利になる。SNSのように、仲間が多いほうが便利で魅力的になるサービスもある。もっと原始的な例では、旅先の旅館や食事処でたまに見かける日記帳。書き込まれた内容が増えるほど、より楽しめるようになる。１ページしか書かれていないときよりも、読み手や書き手が感じる価値は上がっていくのだ。

ここまで、競争優位の源泉をさっと整理したが、ある競争優位の源泉を使って、あるいは組み合わせによって高い障壁を築いた末に待っている姿は何だろうか。それは、「他社が容易に参入できない障壁を築き上げている状態」であり、「厳しい競争に陥らない、究極的には、競争がまったくない状態を作り上げられている状況」である。独占や寡占の状態をそのセグメント内で作り、強固な競争優位が持続している状態と言える。

独占や寡占が収益の源泉になっている状態とは、ハーバード大学ビジネス・スクールのM・E・ポーター氏の３つの基本戦略のうち、「集中戦略」がうまくいった場合と理解していただいてもおおむね外れてはいない。すなわち、集中したセグメントにおいて、ある顧客セグメントやある地域、あるチャネルへの支配力・占有度合いが極めて高くなったケースである。

集中戦略によって、①需要側（潜在顧客）の視点では、購買や利用の意思決定に際して、合理的に比較検討できる選択肢が狭くなり、また他の選択肢を選ぶための負担が大きい状態になっていること。②供給側（競争）の視点では、コスト優位や差別化優位、もしくは両方の競争において、ターゲットセグメント内においては勝ち抜いている状態。結果として、集中したセグメントの競争の密度が極端に下がり、競争の流動性も高まらず、新規参入者による参入のハードルがかなり高い状態になっていること。さらには、競合他社に過度に意識、または刺激されることなく、自社のペースで、新製品開発投資、製品サービス投入などが行なえるようになっていることを指す。需要側と供給側の合理がうまくかみ合い、「独占・寡占の利益を享受」できれば、集中戦略が実を結んだことになる。

競争で勝ち抜いた歴史が必ずしもあるわけではないが、「地域公共サービス」の多くは典型的な独占や寡占の例だ。たとえば、東京23区に住んでいる方には東京都水道局以外の水道の選択肢はそもそもない。供給側は圧倒的な支配をしていることになる。ＢtoＢの世界においては、たとえば、顧客との摺り合わせをしっかり続けることで、独占や寡占の状態が続く障壁を作りやすい。顧客内シェアを高め続けている産業機械の業界は典型例である。

昨今、「選択と集中」が声高に叫ばれている。集中戦略の重要性を否定するつもりはないが、「どこかにフォーカスする」だけで、競争優位性が作れるわけではないことは、これまでの議論で明らかだ。重要なのは、持続的な競争優位を築くメカニズムが事業構想に内在化されていることであり、単に集中すれば勝てるわけではないし、コスト優位であっても、時間とともに追いつかれるし、無駄なところにコストをかけていては勝負にならない。

また、差別化についても「単に違う」「たまたま」では、優位性を作ることにはならない。たとえば、牛丼チェーンの「うまい」「はやい」「やすい」に象徴されるように、高い優位性の持続を企業体・事業体に内在化できるためには、競争障壁が作り込める有意な差が存在する必要がある。

これまで記載してきたことを、少し整理してみたい。製品やサービスの満足度は、それがもたらすベネフィットである「価値」が、それを得るためにかかる「費用」に対して、他の代替よりも高いか低いかで評価することができる。

製品サービスの満足度＝価値／費用

競争優位を構築できているとは、供給側の視点では、自社が他社に比べて常に「価値が高い」と評価できる製品・サービスを供給できているか、他社より「安く作れるか」に行き着く。それは、供給側で形成できる「価値／費用」を、ある供給プレーヤーが他社に比して構造的に高められるケースと言い換えられる。

顧客側の視点でも同様に、「価値／費用」の図式は当てはまる。自社の顧客が、他社の製品サービスを比較検討した際、他社に移るときに高いスイッチングコストが発生する場合は、「価値／費用」の分母が効いている。また、「長く使っていくうちに価値が増す、あるいは、使う仲間が増えていくと自分の価値も増す」などの製品特性があると、その顧客が代替手段に切り替えると、これまで享受していた満足度が減ってしまうことになってしまう。すなわち、競争優位が形成される箇所が、供給側なのか、需要側なのか、形成される競争優位の内容が費用の低さ（分母）なのか、価値の高さ（分子）なのかに整理できる。

競争優位のパターン	=	競争優位の形成箇所 供給側　and／or　需要側	×	形成される競争優位の内容 価値の高さ　and／or　費用の低さ

競争優位とは、これら4つのいずれか、または複数の組み合わせにおいて、他社よりも

優位になることを言う。また、特定の要素、あるいは複数の組み合わせで優位性が長期的に担保されているのであれば、持続的な競争優位が構築できていると言える。
どうやって勝ち抜くのか？　それが、クリアになっていない企業は、かなり多い。ここでは1つの考え方を紹介したが、腰を据えて、自社の競争優位について深く考えてみてほしい。

コラム

事業戦略の立案の前に考えるべきこと

家業の多くがそうであるように、単一事業のみを行なっている企業は数多く存在する。ただ、それなりの会社規模になると、完全に１つのビジネスしかやっていない会社はあまりない。同一の事業部で行なっている事業も、顧客のタイプや商売の形態など、細かく見ていくと多くの事業に分けることができる。事業単位はいくつにでも切れるのだが、意味のある単位で切ったものを、戦略的事業ユニット、ＳＢＵ（Strategic Business Unit）と呼ぶ。同質の事業を括り、異質の事業を別モノとして捉えて、ビジネスユニットを戦略立案に最適な単位で括り直したものである。

定義上は簡単だが、SBUを的確に分けるのは、そんなにやさしいことではない。とくに事業戦略立案時には、「別の種類の事業は別に考えることが重要」なのだが、事業戦略を策定していくプロセスで、AとBは似て非なる事業だったのだと気づくこともある。

まずは、考えやすい単位に事業ユニットを分けてから、事業戦略立案の検討に入る。いったん分類したビジネスユニットを使って、市場性や競争、事業経済性を見ていくと、ビジネスユニットの2つが似ていたり、さらに分けたほうがいいという議論ができるようになる。そのうえで、やはり事業の特性が異質だという結論に至ったSBUについては、PDCAを回す単位としても、別にしていくのである。

いくつかの化粧品ブランドを持っている会社で、製品別の事業運営をしているケースを頭に思い浮かべてほしい。これまでA製品を通販で展開していたが、A製品を他のチャネルに展開する際、事業としては製品別の組織のままでよいのか。そもそも事業のマネジメントは通販とおおむね同じと捉えていいのか、完全に頭の中を切り替えて、別のSBUとして捉えるべきなのか。そんなことを考えていたとしよう。通販、百貨店向けの対面販売、薬局でのセルフ販売では、購入する顧客層も違えば、製品の訴求の仕方や値段も異なる。また、チャネルが大きく異なるので販売促進の仕方もまったく違う。さすがにここまで異なれば、SBUとしては別として捉えてよさそうとの結論になりそうだ。

私自身は、経験的に、業種業態固有の経済メカニズムである「インダストリー・エコノミクス」が異なるかどうかによって、SBUの切り方を判断すると、外れが少ないと考えている。たとえ、顧客像が異なっても、競争しているプレーヤーの顔ぶれが異なっても、経済メカニズムがおおむね同じであれば、打ち手のタイプや投資回収や収支モデルも比較的類似してくるため、PDCAを回す際に、同一カテゴリーにしても、判断ミスになることが少ないためである。

IGPI流チェックポイント12

不確実性がますます高まる環境では、適時適切な軌道修正が求められる。そのためには、

「自社の事業活動のどこに不整合が起きており、どの程度の修正を加えるべきか?」の俯瞰的視座からのチェックが不可欠。インダストリー特有の勝ちパターンを見極め、「自らを写す鏡」としても活用せよ。

13 それぞれ違う「勝ちパターン」

勝ちパターンをクリアに見抜くために

ここまで、業種業態に特有のエンドゲームの姿、ゲームのルール、勝ちパターンがどういうものかについて言及してきた。ここからは、それをどのように導出すればいいのかのノウハウを取り上げていく。

事業戦略を立案するにあたって、３Ｃ分析というアプローチが広く一般に使われており、ご存じの方も多いと思う。カスタマー（Customer）、コンペティター（Competitor）、カンパニー（Company）の頭文字をとって３Ｃ。私たちも、この３Ｃ分析のフレームワークを使うことはあるが、ここでは、さらにしっかりと業種業態に特有の勝ちパターンを見抜くために用いる考え方を紹介する。この枠組み自体に目新しさはないが、３Ｃ分析より深い洞察に適しているので、考え方のエッセンスをぜひ学んでもらいたい。

図表31　勝ちパターンを見極めやすくするアプローチ

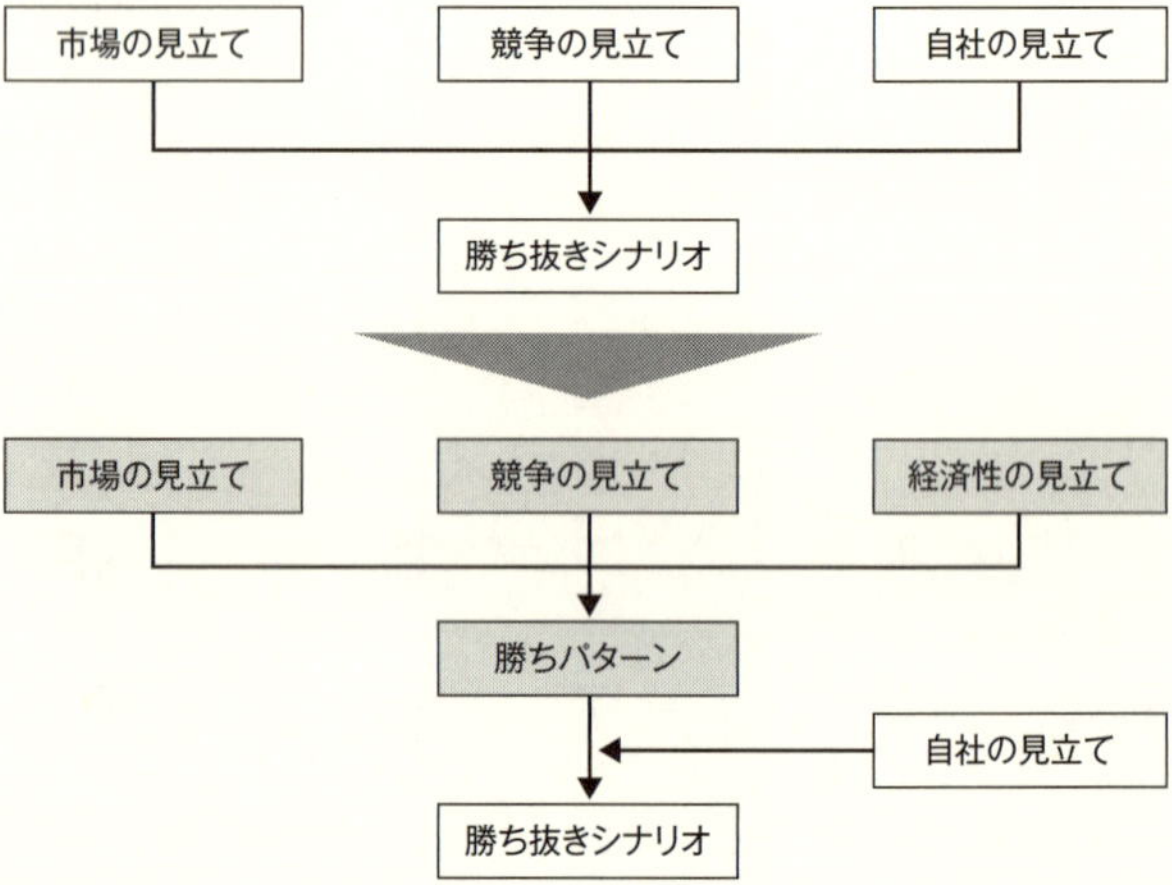

図表31を見てほしい。3C分析との比較で言えば、市場、競争、自社に含まれているであろう経済的なメカニズムの分析を取り出して、事業経済性の見立て（業種業態固有の経済メカニズムの解明＝インダストリー・エコノミクス分析）という独立した視点を加えただけである。

ただ、そのことで、業種業態に特有の勝ちパターン（あるスポーツ種目のゲームのルール、勝つための定石）が何であるかを、より的確に洞察できるようになる。また、勝ちパターンと、自社の経済構造や組織や経営上の特性を照らし合わせることで、自社はどう戦うべきなのか（ルールや定石を踏まえての自分の戦略は何か、生き残り・勝ち抜きのための自分固有の解は何か）も、さらに鮮明に捉え直すことができるような検討フレームワークである。

なお、念のためだが、ここで「市場」といえば、いわゆる事業会社が事業を営むうえで、顧客との関係において形成され、競合他社と戦っている製品サービスのマーケットを指している。事業会社であっても、資金の調達や運用を行なうために金融マーケットにもアクセスしているし、事業を運営していくうえでの人材マーケットも欠くことができない存在だが、事業戦略を考えていく際は、金融市場や労働市場ではなく、製品サービスマーケットを「市場」と呼んでいる。

市場、競争、経済性において、何に着目しているのかを深堀りする前に、いくつかの問いに答えてみてもらいたい。ある会社がある対象市場セグメントにおいて、古くからAという事業をやっていたとする。その市場セグメントが、今後10年で2桁成長をし続ける場合と、市場規模が成長せず横ばいの場合では、積極的に攻められるだけの豊富な経営資源を持っているプレーヤーにとっては、どちらが成長戦略を描きやすいだろうか？　その市場セグメントにおける顧客ニーズが今後5年で大きな変化がないとの見通しの場合と、この数年間で劇的に変化する、あるいはその見通しが不確定な場合、どちらが優位性を守りやすいだろうか？　もし他社が参入を検討する場合、どちらのほうがよいだろうか？

これらを整理してみると、市場の見立てでは、市場セグメンテーション、市場の量的な変化、市場の質的な変化、の3つを主に見ていることになる。また、競争の見立てでは、競争の構図、競争の密度の高低、そして競争の流動性の3つを見ている。では、市場の見立て（市場性評価）から考えていこう。

「市場性」をどういう観点で見立てるか

市場性を評価する際には、①市場のセグメンテーション、②市場の量的変化、③市場の質的変化の3つの視点で分析していく。まずは、製品サービス市場がどのようなセグメントに分割できるのかが、第一の問いとなる。

セグメンテーションの切り口は無限にある。エンドユーザー市場と、自社が直接関係を持つ相手は異なる場合も多く、多層的に捉える必要もあるかもしれない。たとえば、自社事業が消費者向けの完成品のパーツを提供している場合である。ある事業体を通じてエンドユーザーに製品サービスを提供しているので、B to B to Cという多層的な関係者構造になる。

セグメンテーションは細かく切ればいいというわけではない。重要なのは、ある切り方で市場セグメントを分けたときに、隣接している各々のセグメント間での市場の量的・質的な変化だけでなく、競争の構図や競争のルール（背景にある事業の特性）が異なっているか否かである。別の言い方をすれば、各セグメントを別々に捉えるのが事業展開していくうえで、妥当かどうかである。また、その変化も見ていかないといけない。

ここで、携帯電話の日本の端末メーカーから見た市場セグメンテーションがどう変化していったのか、過去20年くらいを振り返ってみよう。

1990年代、日本のメーカーにとっての対象マーケットはおおむね日本に限られていた。ネットワーク技術、各種コンポーネント技術、アプリケーション、それらを統合的にパッケージングし、電池の持ちがいい軽薄短小の端末に仕上げるには、通信キャリア、各種コンポーネント事業者と開発段階から摺り合わせていく必要があった。そのため、キャリアの通信方式（GSM、PDCなど携帯通信の方式は世界でいくつかあり、日本はNTTドコモがPDC方式で携帯電話事業をしていた）で市場セグメントが分かれていた。

当時は、日本市場の中でのメーカー間の開発競争（投資開発競争）も激しかったため、日本の市場（日本は独自の通信方式を使っていた）以外も、同時に対象として本格的に拡大するのは現実的ではなかった。その後、さまざまな技術面での進化や汎用化、標準化の動き、キーデバイスプレーヤーの集約化、通信方式の広域化、端末側の複数通信モジュールの搭載などが進んでいき、端末メーカーの対象とするマーケットセグメントの垣根が崩れ、世界が1つの大きなマーケットになっていったのである。

同じ製造業でも、日本固有の屋根材の「瓦」ではかなり状況が異なる。日本の中での市場セグメンテーションの変化はあっても、日本の市場は基本的に閉じている。建造物の歴史的・風土的な背景が異なることもあるが、仮に中国で安価な屋根材を作ったとしても物流費がかさむという経済的な理由もあり、日本固有の厚みのある瓦屋根材は、九州の一部を除くと中国製はまだまだ少ない。ただ、日本の中での市場セグメンテーションは数百年かけて変化してきた歴史がある。物流網が発達していない江戸時代以前は、瓦屋根は地場産業だった。それが、北前船などの海路物流の発達によって大きく変わっていく。海路物流のしやすさと、原材料の質と豊富さ、製造技術の蓄積により、日本での瓦製造の勢力図が変わっていったのだ。物流網の変化が1つの大きなきっかけとなって、日本の粘土瓦の三大産地が形成されていく。島根県の石州瓦、愛知県の三州瓦、淡路島の淡路瓦である。その頃の日本の市場セグメンテーションは、おおむね、日本海側と北海道地域、中部や関東以北、関西圏から九州・四国に分かれていた。

ただ、この市場セグメンテーションも、明治以降の陸路の整備から現代の高速道路を使った物流の変化によって変わってきている。どのように変化していったのか、想像してみてほしい。このように市場セグメンテーションとその動態的変化を捉えることは、事業戦略立案の重要な出発点と言える。

セグメンテーションの議論の中でも、若干、マーケットの質的な変化に言及したが、対象とする市場セグメントにおける「市場の量的・質的な変化」を次に見ていこう。

対象とするマーケットは個数・単価ベースで伸びていくのか、縮小していくのか、また、購買行動や利用行動において大きな変化が表れるのか、どのような背景によってなのかを洞察するのだ。その分析の際には、比較的長い時間軸で大きな変化を捉えていくつもりで分析するのをおすすめする。近年の注目すべきユーザーニーズの変化が、一過性か、大きな変化の前触れ（氷山の一角）かを見抜くためにも、時間軸を長くとってみるのが有効だからだ。もちろん、将来の不確定要素が多すぎて、マーケットの量的・質的変化が十分に想定できないケースもある。ただ、その場合でもマーケットの変化のシナリオとその背景要因を長い時間軸で捉えておくことが有益な場合が多い。

たとえば、インターネットの世界のＩｏＴを取り上げよう。人間と人間の間の情報のやりとりを基本としていたインターネット市場において、「モノとモノとの間のやりとり（ＭtoＭ：Machine to Machine）の市場がどこからどう立ち上がっていくか」という問いを設定してみることにする。

市場の立ち上がりを見据えて新しい事業展開を先取りしようとする会社にとっては、重要なテーマである。実は、ＩｏＴという名前は最近になってからだが、モノのインターネットというコンセプトは、１９９０年代にはすでに存在していた。インターネットのもともとの規格であるＩＰｖ４（Internet Protocol version 4）では、ＩＰアドレス数が２の４乗ビットでしか表せず、それではアドレスを付与できるところが足りなくなるので、そのアドレス枯渇問題を解消すべくＩＰｖ６（Internet Protocol version 6）に変更を検討していた頃である。

インターネットには、アドレス（番地）があり、それがあるから、郵便のように、情報の送受信ができる。ＩＰｖ６は、そのアドレスの数を増やして、「地球上のあらゆるモノ」にもアドレスが付与できるようにというコンセプトで生まれた。

ただ、当時、モノにＩＰアドレスを付与しても、周辺技術がまだ追いついてきていなかったため、ＭtoＭ通信はごく限られていた領域でしか行なわれていなかった。それが、さまざまなモジュールの軽薄短小化、省電力化、通信方式の多様化などによって、今後、さまざまな分野で、市場が立ち上がるとともに質的にも変化していくと考えられる。

時計の針を１９９０年代初頭に戻してみよう。その頃、携帯電話の普及率は数％。まさに、今のＩｏＴと同様に携帯電話も黎明期だったと言える。当時、総合研究所のレポートでも10年後の携帯電話の普及率はせいぜい10％（１０００万台強）と言われていた時代である。詳細は割愛するが、普及のスピードと音声通話とデータ通信の質的変化を先んじて洞察できたプレーヤーと、そうではないプレーヤーでは、いろいろな企業行動で差が出始めていた。たとえば、基地局の投資においても高い普及を見込んで、広域にカバーエリアを一気に広げる企業もあれば、投資に躊躇する携帯電話キャリアもあった。市場の量的変化への洞察が妥当だったかどうかで、将来の勝敗に差が出たのである。

市場の見立てについて、再度振り返ろう。製品サービス市場を捉えるとは、第一に、市場構造とセグメンテーションを把握することであり、どこからどこまでが隣のセグメントと事業展開上で有意に異なるのか、を見抜くことに本質がある。そのうえで、セグメントごとに、市場の量的変化、すなわち「市場規模や成長性がどうなっていくのか」を捉えていく。それが次にすべきことである。

事業の成長を目指すのであれば追い風のセグメントを探すことになるだろう。逆に、市場の成長が鈍化しているほうが、現在の勝ち組にとっては新規参入が起こりにくいので守りやすいセグメントという見立てになる。

最後に、市場の質的変化がどのように起こるのかを見極めにいく。市場と言っても、利用者・所有者と、購買の意思決定者（あるいは意思決定に強い影響を持つ者）、さらには経済的な負担をする者（お財布を持っている者）は、異なる場合もある。それらの関係を理解しながら、使用、所有、購買の各々の行動の変化や最終購買者に影響を与えるチャネルの変化を見ていくのだ。そのうえで、これまでの製品・サービスコンセプトや売り方がこれまでと同様でいいのか、大きく変化させるべきか、要するに市場に刺さる打ち手を大きく変えるべきかを推察しにいく。大きな変化がありそうであれば、他社に先駆けて変化を確実に捉えた者に軍配が上がり、大きく変化しないのであれば、既存の勝者が守りやすい市場と言える。

「競争」をどう見立てるか

市場の見立ての次に、競争の見立てを詳しく取り上げることにする。まず、競争状況を捉えるために明らかにしたいことは何かについての例を挙げる。

たとえば、対象とする市場セグメントにおいて、「どんな業界のプレーヤーが何で競争をしているのか」は知りたいだろう。また、「すごく熾烈なシェア争いをしているのか、それが今後とも続きそうか」「競争しているプレーヤーは今後も顔ぶれは同じか」「競争のルールが劇的に変わるような兆候はありそうか」「異業種、あるいは新興国からの新規参入も出てきそうか」にも関心が出てくる。

また、「インダストリー・バリューチェーン全体を見通すとプレーヤーの顔ぶれや競争の仕方などが変化しそうか」というように、自分の業界だけでなくインダストリー全体の川上や川下にも視点を移してみたくなる。

いくつか思い浮かびそうな問いを並べてみたが、これらを通じて、我々は、①業界の競争の構図、②競争密度の高低、③競争の流動性の高低、の3つの観点から競争状況とその変化を捉えようとしている。

まず、「競争の構図がどうなっているか」から出発してみよう。基礎的な情報として、主な同業のプレーヤーの顔ぶれや彼らがどう棲み分けているか、何で競合しているかについては、過去から現在、そして将来的な変化の兆候についても理解しておきたい。

次に、インダストリー・バリューチェーン全体にスコープを広げてみる。インダストリー全体で見ると、どのような付加価値の分配になっていて、価値の取り合いがどう起こっているかにも関心を持ちたい。

さらに、顧客側の視点から見たとき、異業種間の競争（異種格闘技）も存在することは頭に入れておいたほうがいい。その視点からは、誰と誰が間接的に、何で競合しているのかが見えてくる。

携帯電話キャリアと自動車メーカーの競争を例に挙げてみる。もちろん、直接は競争していないし、協業している側面のほうが強いはずだ。ただ、一般消費者からは、「自動車の維持費はバカにならない。携帯電話には数万円使ってしまう。どちらを我慢するか」という切実な悩みがあったりする。つまり、顧客へのベネフィットはまったく異なる製品でありながら、「財布の中身の奪い合い」という意味で、「間接的に競合」しているのだ。

ところで、事業戦略を考える際に、とても有名な「5フォース分析」という枠組みがある。私たちは、事業戦略の立案のために、このフレームワークを使うことはほとんどないのだが、競争の構図を整理するのには役立つ。5フォース分析の5つの視点で整理することで、自分の業界だけでなく、川上や川下方向からの圧力、新規参入や代替製品といった潜在的な可能性について網羅的に捉えることができるからである。

次に、競争の密度やその変化に着目してみる。「競争密度」と言われてもピンとこないかもしれないが、「競争が激烈に起きているのか、平和な日々が続いているのか」であり、競争という尺度での「密度や圧力」が高いかどうかという意味である。

限られた市場のパイの中で、「勝った、負けた」と激しい戦いを幾度も繰り返している業界がある。たとえば、標準的なタイプの水道メーターの入札競争では、要求されている仕様が決まっているので、単純な価格競争と言っていいような入札条件の競争がかなりあるようだ。設備や人材を遊ばせていてもしょうがないので、工場の稼働が空いている場合には、「安値で札を入れる」という行動が各所で繰り返されるのである。

それとは対照的に、同じ業界に属するプレーヤー間での直接の戦いがあまりない業種や、プレーヤーが地域などで実質的に棲み分けしている業種もある。電力分野の自由化が話題になっているが、電力や水道やガスなどの公共インフラ系の業種が典型的な例であろう。同一業種のプレーヤー間での全面戦争はまず起きない。

当然のことながら、競争密度が低いほうが儲けやすい。少なくとも競争が激烈になったために儲けがどんどん減っていくということにはなりにくい。顧客に対しての価格値下げ競争や、チャネルに対しての販促費の競争が生じにくかったり、来期以降の製品導入も自社のペースでやりやすいので、投資、コストなど出費のコントロールもしやすい。

反対に、競争密度が高いセグメントほど儲けにくい。開発競争であろうと、価格競争であろうと、競争が熾烈になればなるほど、儲けシロはどんどん減っていく。このような問題意識を頭に入れながら「競争密度」を見にいくのだ。もちろん、競争は静態的で現象ではなく、動態的な状態推移が重要なので、現在の競争密度だけでなく、将来どうなるのかの見極めは欠かせない。とくに事業プランの立案をしていくうえでは、競争が熾烈さを増すのか、緩和される方向に行くのかはとても大切な視点である。

最後に紹介するのが、「競争の流動性」についてである。

競争のルールは大昔から変わらないし、今後も変化する兆しに乏しい業界もあろう。反対に、過去からも、今後も劇的に変化していく業界もある。業界によっては、今までは競争のルールはあまり変わらなかったが、将来大きく変化する兆候がある業界もある。

競争のルールが比較的固定的であれば、その市場における企業の序列は変化しにくい。トッププレーヤーは地位を守りやすい。そのため、3番手がトップになろうとすると大変な苦労をする。一方で、競争のルールが変わる局面においては、新しいゲームのルールに沿って、３番手がうまく打ち手を講じることで、トップへと上り詰めることができたりする。

逆に、競争のルールが変わる局面では、全方位を守らないといけない、今までのやり方とのジレンマを抱えるトッププレーヤーのほうが動きが悪い場合が多く、大きなスキが生まれる。さらには、まだ参入していない異業種のプレーヤーにとっては、競争の流動性が高いほうが、参入してポジションを獲得する可能性は高く、逆に、流動性が低いほうが、既存プレーヤーにとっては高い参入障壁を作りやすい。

このように、競争の構図、競争密度、競争の流動性について、現在から将来への変化を見抜くことで、業界全体の競争がどのように変化しやすいかが見えてくるのである。

「インダストリー・エコノミクス」をどう見立てるか

インダストリー・エコノミクスでも同じく３つの視点で業界特性を分析・把握していく。①自分たちを含む供給側の経済メカニズム（サプラーヤー・エコノミクス）、②需要（顧客）側の経済メカニズムであるユーザー・エコノミクス、③インダストリー・バリューチェーン全体を俯瞰《ふかん》してのインダストリー・バリューチェーン・エコノミクスの３つである。

サプライヤー・エコノミクスについては、基本的な経済構造の把握からスタートする。まずは、付加価値率の厚みと、その中身に対しての分析である。付加価値とは、顧客が認める価値（≒売上）から外部からの調達（≒仕入原価）の差であるから、付加価値が厚いことは、自社内で、作り出した価値に「厚みがある」ことになる。3000円の仕入原価に対して、1万円で売れているのであれば、自分で、7000円分の価値の厚みを加えて、顧客に提供していることになる。

お客さんに対して自社内で7000円分の価値に相当する工夫をすることができるし、競合他社への優位性という意味でも、7000円分に相当する企業活動で争うことになる。500円分の付加価値しかない場合、すなわち9500円で仕入れて1万円で売れているのとでは、対顧客、対競合という観点で工夫できる余地が違うのは直感的にわかるだろう。

感覚的な説明をしたが、付加価値率の高い事業は、総じて競争障壁の構築とそのマネジメントの可能性が潜在的に高いことを意味している。そのため、優勝劣敗がはっきり表れる。逆に、付加価値率がとても低い事業は、決め手となる競争障壁が作りにくく、また、その競争障壁を自社でマネジメントしていくにしても効果が限られた打ち手が多くなる。

そのため、負けて撤退に追い込まれるような競争にはなりにくく、数社の企業が併存する状態になりやすい。

業界で言うと、付加価値率が比較的高い業界は、たとえば、高炉メーカーや外食であり、付加価値が低い業界は、卸売業や石油精製が当てはまる。

次に、付加価値の中身に着目する。7000円分のコストを規定する要因（コストドライバー）を分解してみよう。高炉メーカーのコストドライバーはシンプルな構成なのに対して、外食の場合のコストドライバーは、とても多く、細かい。このようにコストドライバーが多様な事業は、いろいろな工夫の余地がある。そのため、競争要因が多くなり、さまざまな形態での戦い方が生まれる可能性が高い（勝ちパターンが数多く併存する）ことを示唆している。外食と言っても、店のサイズや立地、店内の装飾、メニューなど、業態としては数えきれないほどある。外食だけでなく、卸売業も、比較的コストドライバーは多様なインダストリーである。

反対に、付加価値の中身がシンプルな場合には、勝ちパターンはそんなに多くはならない。製鉄所で高炉を見学した人はあまり多くないかもしれないが、どこのメーカーも、素人から見ると、「ほぼ同じ」だ。先ほどの例では、高炉メーカーだけでなく、石油精製が

図表32　エコノミクスの違いと戦い方

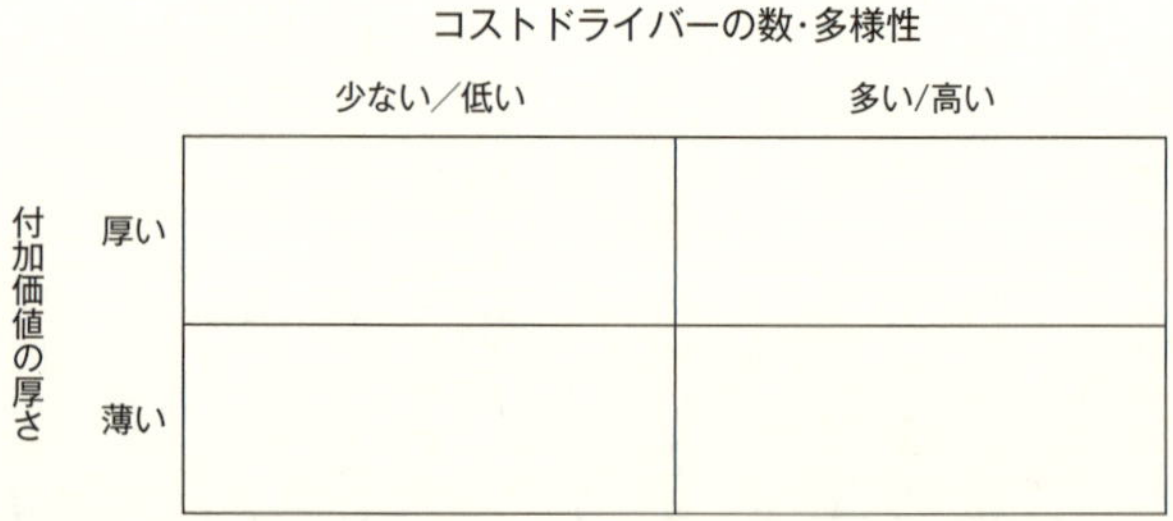

当てはまる。

このように、事業運営上コントロール可能な付加価値の厚みとその中身（コストドライバーの数と多様性）は、勝ち抜き方について示唆を与えてくれる。

付加価値部分において、とくに競争優位の源泉になりうるのはどのような要素だろうか。高い競合障壁を築けるビジネス（優勝劣敗がはっきりとついてしまう業種業態）と言えるのだろうか。それとも、いろいろな事業機会が見つかったり、さまざまなオペレーションのやり方や磨き方、目端の利かせ方で、多様な勝ち方を見つけられる（したがって、圧倒的な障壁を築くプレーヤーが現れにくい）業種業態だろうか。

これらの供給側の基本経済性を頭に入れたうえで、供給側のエコノミクス（サプライヤー・エコノミクス）をさらに深く見極めにいくのが次のステップである。各事業主体のコスト優位や価値創出の源泉が、どのような経済メカニズムによってもたらされるのかを把握するのである。

　また、経済効果がどのくらいの範囲で効くのかによって、競争のローカル性（逆に言うと、グローバル競争へと発展する可能性）も捉えることができる。前述したような、地域性が強く働くビジネスか、知識集約、労働集約、資本集約、設備集約、そのどれが当てはまるか、あるいは、要素コストの種類と構成、何がコストの主たるドライバーなのかにも、詳細に目を向けていくのだ。

　主たる費目とそのドライバーについて、固定費型なのか、変動費型なのか、限界費用の高低とその理由、単位コストの規定要因は何なのかも捉えたい。規模効果が効くのか、範囲の経済性か、密度の経済性なのか、稼働率かなどである。また、要素コストの水準差がどのように生じるのかについても把握したい。

　話は変わるが、供給側のエコノミクスの分析においては、その事業の性格づけをするうえで、「分析の単位」にも気をつけないといけない。基本的には全社、あるいは事業単位のＰＬ、ＢＳやＣＦということになる。

　ただ、ビジネスの運営実態をよりリアルに把握するために、たとえば、チャネルや商品群別に把握してみることも必要な場合も多い。店舗単位で経済性分析をするなどいろいろとありうる。時間軸で見る必要がある事業もある。通信事業や生保事業のように1つの事業活動の単位（契約当たりの収支）時間軸が年の単位を超えてしまうため、契約の生涯価値（いわゆるLTV：Life Time Value）で分析しないと何が何だかわからないケースもある。

たとえば、ある規模の顧客蓄積のある携帯電話事業で顧客獲得活動やネットワーク投資を止めれば急に膨大な利益が出る。短期的な収益刈り取りにおいては合理性があるのだが、想像できるとおり、長期的には、解約や単金（Average Revenue Per User）の低下などで、顧客トータル経済価値は、知らず知らずのうちにどんどん流失していくのである。

多くの例は挙げられていないが、どこに着目して経済性の分析をするのかが、事業の特性をリアルに把握するうえで、最も大切と言える。

ここまでは供給側（サプライヤー）エコノミクスについて話をしてきたが、ここからは、顧客側（チャネル側）の経済メカニズムであるユーザー・エコノミクス、そして、インダストリーの上流から下流までの全体の経済メカニズム、インダストリー・バリューチェーン・エコノミクスについて考える。

ユーザー・エコノミクスとは、ユーザー側がどんな経済的な行動をどういう背景でとるのかである。具体的には、顧客の財布の厚さや中身、その製品サービスを買うことの経済

図表33　エコノミクス分析をするうえで重要な経済効果

規模の経済・不経済	一定以上の固定費があるビジネスにおいて、そのコストを共有するユニット(典型的には顧客や製品)の絶対数の増加により平均費用が低減(薄まる)効果。たとえば、システム投資や研究開発費用、製造設備投資が大きいようなインダストリーが典型例。規模効果が世界的スケールや産業全体で効く、さらに経験効果まで効いてくるのが典型的な規模型の事業である。ただ、実は規模効果が圧倒的に重要なビジネスはさほど多くはないので、エコノミクス分析上は、「規模の経済性はどの範囲でどの程度効くのか?」「逆に規模の不経済を生む要因は?」を見極めることが大切。なお、Buying Power等の買い手が交渉力も広義に捉えた規模効果といえる。
経験(曲線)効果	事業活動のあらゆる局面で累積経験量が単位コストに与える影響の大小を言う。製造業の場合は、微細化や歩留まりの改善などでこの経験効果が表れる。「規模の経済性」よりも時間的、空間的に広い概念である。小売や外食のチェーンオペレーション化は、規模の経済性については限定的効果ながら、組織としての経験曲線効果が加わることで、本来、分散的な事業が部分的に規模型の性格を帯びてくる。上述の規模の経済性と合わせて、事業規模やシェアが重要な意味を持つ事業なのか否かを見極めることが重要。
範囲の経済性	複数事業や商品・サービス間で費用を共有することで平均費用が低減(薄まる)効果。コスト面でのシナジー効果のこと。本社共通費などのインフラ費用もそれに該当するが、営業組織なども範囲の経済性が効く場合がある。たとえば、消費財メーカーである、花王やサントリー等は、商品ラインナップが広いので、自前の営業網を全国に張り巡らしてもコスト割れしないが、中小企業は、商品数が少ないために直販コストはカバーできず、問屋に頼らざるをえなくなる。
密度の経済性	地域密度がコスト優位上、決定的な意味を持ってくる経済効果。物流経費率が高い事業、たとえば卸売、コンビニや生鮮食料品あるいは外食産業などは、地域内の拠点の密度が高いと拠点当たりの物流費が低減する。また、現場を巡回する頻度が高い事業、たとえば、ビルやマンション管理事業などもエリア内の管理対象物件の密度がコスト効率を大きく規定する。
限界効用逓増性	より多く使うほど、利用者にとっての利用価値(限界効用)が高まる効果。ソフトウェア等のデファクトスタンダードもこの効果によって起こる。SNSなどのネットワークの外部性によって価値が高まるのもこの効果。
スイッチングコスト	サプライヤーや製品・サービスを切り替える際には、顧客の側に何らかの経済的、心理的なコスト(その中にはリスクも含む)が存在する。それを総称して、スイッチングコストという。これは競争障壁として極めて大きい意味を持ってくる場合がある。

的メリット（非経済的メリットも含めることも多い）とその背景要因を整理することになる。

その情報をもとにして、次に挙げるいくつかの問いにクリアに答えられれば、ユーザー・エコノミクスをかなり把握できたと言える。「その市場セグメントで対象としている顧客（買い手）にとって、他の製品や他の納入先（売り手）をスイッチすることの負担はどのくらい大きいか」「使い分けているとすると、どのような要因によるのか」「他の製品、他の売り手に置き換えるには、買い手にどのような変化が起きることが必要か」などである。

売り手と買い手との間に、中間チャネルが介在している場合、需要側と供給側を結びつけるチャネルのエコノミクスを見極めることも外せない分析要素である。これを「チャネルエコノミクス」とも言う。解明したいこととは、たとえば、「どうやったら使用者と作り手とを結ぶチャネルが売る気になるか」「チャネルにとって製品サービスの提供者を変えることはどのくらいの負担か」「チャネルのスイッチは最終顧客にとってはどうなのか」。これらを知って有効なアクションをとるためには、チャネル自体の儲けの構造や回避したいリスクを把握することが第一歩となる。

最後の観点が、インダストリー・バリューチェーン・エコノミクスだが、この章の前半でかなり解説をしているので詳説は避ける。川下から川上まで付加価値の厚みの分布と変遷、すなわち、インダストリー全体の付加価値の連鎖の分析が対象になる。

基本的な問いとしては、「A社の事業（業界）の付加価値はどのくらいとれているか」「減少傾向、増加傾向のどちらか」、また「スマイルカーブが進展していくインダストリーかどうか」も重要な観点となる。仮に、スマイルカーブが進展する要因があるのなら、「進展していく過程で、現在の事業ポジションはどう評価されるのか」を捉えにいくのだ。

『ＩＧＰＩ流　経営分析のリアル・ノウハウ』においても、インダストリーに特有の経済メカニズムである、経済性についてはかなりの紙幅を割いた。繰り返しになるが、経済性分析とは、要は、顧客やチャネルの経済的な動機づけ、供給側の付加価値の厚みと多様性や変化といった経済構造、インダストリー全体を俯瞰したときの付加価値マップと変遷を捉えることだ。この経済メカニズムは、好き嫌いとかブームなどとは異なり、普遍的であることが多く、事業戦略の立案をするうえで、拠りどころにしやすい。ぜひ、皆さんも、「インダストリー・エコノミクス」を見抜くスキルを学び取ってほしい。

IGPI流チェックポイント13

従来までの勝ちパターンが大きく変質していく兆候は、絶対に見逃してはならない。自社が将来、生き残り、勝ち抜いていくために、どの時間軸で、どこに、どこまでの変化が起きるのか？　その問いに解を持っていないといけない。

14 自社固有の「勝ち抜きシナリオ」を考える

自社固有の「成功への道筋」を探る

ここまで、インダストリー全体の付加価値の分布の変化を含むエンドゲームの構図、業種業態に特有の勝ちパターンを見極めてきた。図表34に示してあるとおり、勝ちパターンの構築というのは、対象セグメントのニーズに対して、提供する製品のベネフィットが合致していること、それを生み出す事業モデルが効率的・効果的であること、また、事業モデルが持続的かつ強固な優位性を保持していること、そして、それらの実現にフィットした経営スタイルや組織体であること、である。

では、自社の事業戦略である、勝ち抜きシナリオはどう作るのか？　優勝劣敗がはっきりしてくる際のエンドゲームを見据えて、そこで成功する道筋を描くことである（図表35）。業種業態に特有の勝ちパターン（ゲームのルールや成功のためのセオリー）を鏡にし

図表34　勝ちパターン＝Max（ターゲットセグメント×製品コンセプト×事業モデル×優位性基盤×経営・組織モデル）

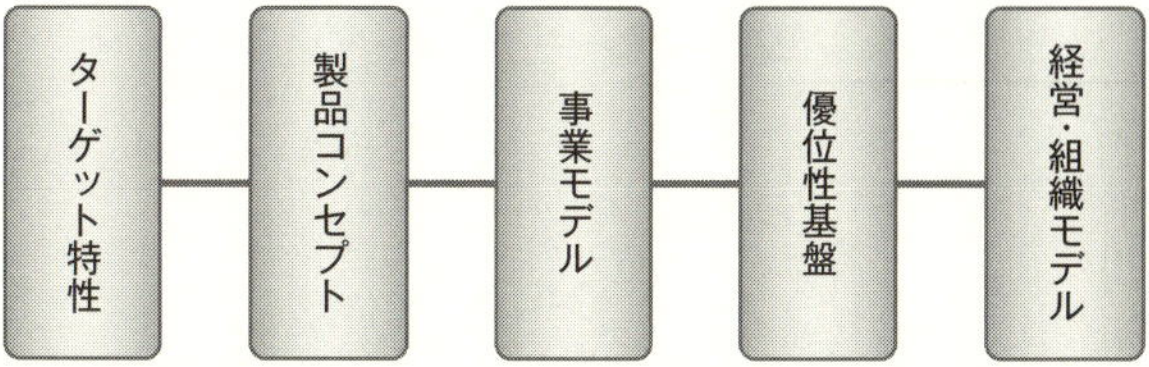

ターゲット特性	製品コンセプト	事業モデル	優位性基盤	経営・組織モデル
意思決定者と利用者は誰か？各々のニーズと背景にある動機付けは？何をどのくらいの価値と認めるのか？	ターゲットニーズを捉えるベネフィットとは何か？それが製品としてどのように具現化されているのか？	製品コンセプトをターゲットに届ける効果的・効率的な仕組みは何か？どのような儲けの構造が描けるのか？	この事業モデルは、自社の優位性基盤に立脚しているのか？インダストリーバリューチェーン全体で重要なポジションをとれているのか？	この事業を運営していく組織体制と経営スタイルはどのようなものか？それは、自社の経営や組織モデルとマッチしているのか？

図表35　自社固有の勝ち抜きシナリオの導出

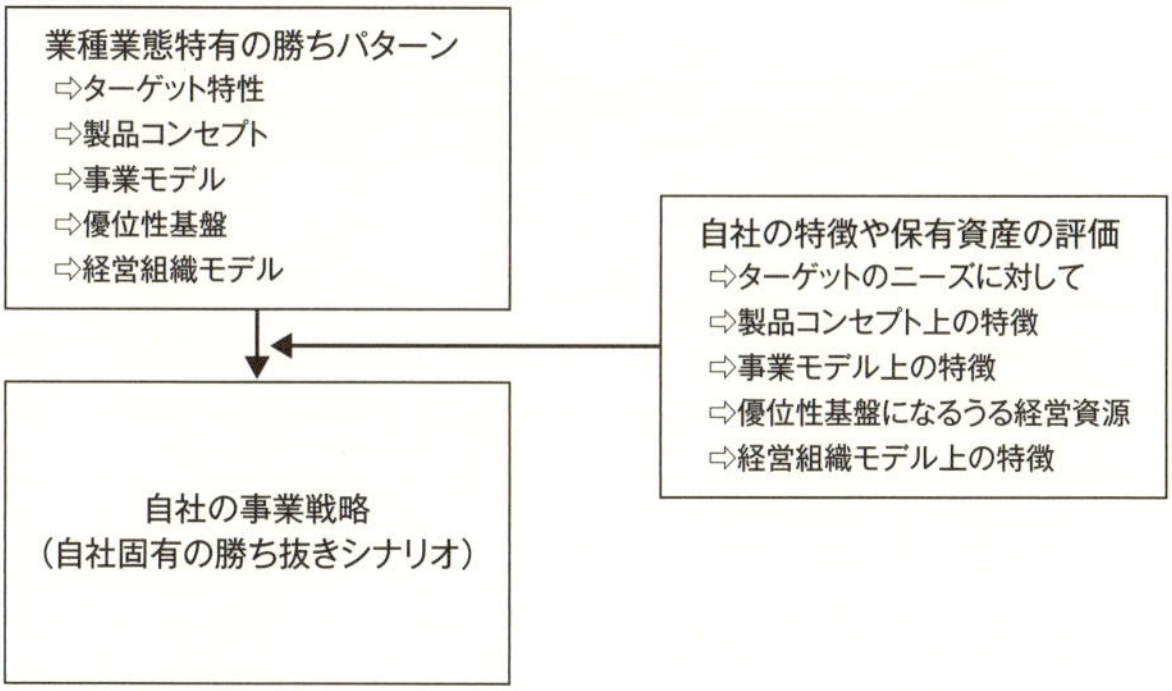

て、自社にとっての固有の事業戦略を導出していくのがオーソドックスなアプローチの1つである。

その際に、自社の評価をしていくわけだが、現在のターゲット、製品コンセプト、事業モデルと将来への展開の可能性を捉えるとともに、将来に向けての強固かつ持続的な優位性基盤の源泉になりうるアセット、たとえば、研究開発体制や技術基盤であったり、投資余力であったり、販売や生産の拠点体制もレビューしていく。

また、マネジメント面の特性や組織の特徴を、どこまで変化・進化させられるかも視野に入れる。競争の果てにあるエンドゲームと業種業態特有の勝ちパターン、自社の取り組みや保有資源、特徴を照らすと、「自社固有の勝ちパターン」と呼べる勝ち抜きシナリオの骨格が見えてくる。

同様の考え方は、相撲や柔道などの格闘技にも当てはめられる。いくつかの勝ちパターンに照らしながら、自分がこれまで訓練してきた得意技、体力、性格、そして日々の技術面、体力面、精神面の鍛錬で自分に向いた勝ちパターンを選び、自分固有のトレーニングスケジュールや実践プラン（＝勝つためのシナリオ：戦略）を組み立てることに似ている。

コラム

事業戦略と全社戦略の関係を考えてみる

この本では、事業戦略の策定を中心に取り上げているので、数多くの事業を展開する企業の全社戦略については、簡単に触れるにとどめるが、そもそも、複数の事業を持つことの価値は何なのだろうか？

よく「事業ポートフォリオ」と言うが、会社にとってのプラス面とマイナス面を明らかにしてみよう。まず、プラス面についてだが、「１つのバスケットに卵を複数入れるな」という言葉がある。「バスケットを落とすと卵がすべて割れてしまうので、複数のカゴに卵を入れてリスクを分散するのが合理的である」というたとえ話が、ポートフォリオ理論でよく使われる。

事業ポートフォリオとは、事業のリスク（アップサイドとダウンサイドの振れ幅）の異なる複数の事業を保有することで、会社としての全体のリスクが単一の事業しか保有していない場合に比べて下がるという理屈からきている。そして、プロダクト・ポートフォリオ・マネジメント理論（ＰＰＭ）の効果も重ねて、ポートフォリオのプラス面を説明している場合が多い。

ＰＰＭとは何か？　製品のライフサイクルにおける、キャッシュのインフローとアウトフローに着目している。大雑把に言うと、金のなる木（成熟期にある稼ぎ頭）で生み出したキャッシュを、将来のスターを育てるために、問題児（お金がかかる導入期の製品）に使おうというコンセプトである。それを事業のポートフォリオ・マネジメント理論の効果と合せると、複数の事業の持つリスクを分散させるというだけでなく、カネを生み出す事業からのキャッシュを新規の事業（カネがかかる）に投じていくことで、全社としての資金循環を図っていくという図式になる。

大変優れたコンセプトに思えるが、現実には落とし穴がある。ＰＰＭでは、新製品を生み出すと同時に、製品寿命が過ぎたものは「さっさと引き揚げる」ことを前提としている。

ところが、現実の世界で考えると、新しい事業を生み出すのはかなり大変。さらには、事業を止めると言っても、既存の組織をたやすく放棄するわけにはいかないという組織内の軋轢《あつれき》も働く。すなわち、全社で考えると、事業を創る力と捨てる力（新陳代謝力）が、確実に機能していることが、ＰＰＭがうまく効果を出すための前提になる。

逆に、新陳代謝が実効性を持たないと、経営上の大きなリスクを背負うことになる。たとえば、日本の電機メーカーの過去の数十年間を振り返ってもらいたい。どれだけの会社が将来の会社の柱となる規模感や成長性のある新しい事業を生み出すのに成功してきただろうか。また、半導体事業は合従連衡の最終局面に来ていると感じるものの、家電を中心にまだリストラが終わっていない状況すら散見されることからも、企業における「新陳代謝」はそんなに優しいものではないことがわかるだろう。

違う視点で事業ポートフォリオの落とし穴を考えてみよう。事業リスクが異なる複数の事業を保持しているということは、リスク分散の意味では合理的である。ただし、リスクが異なる事業というのは、事業の特性（ＰＤＣＡの鍵となる内容、投資・回収の時間軸）が異なる場合が多い。意思決定すべき事項の次元や内容が異質になるケースが多くなるため、トップマネジメントは、質の異なる意思決定すべきテーマを常に抱えながら事業運営をしていく、という極めて高度な経営力を求められることになる。

たとえば、産業再生機構が支援したカネボウ。経営会議においては、化粧品、繊維事業、ファッション、トイレタリー、漢方薬、菓子など10以上の事業が議論されていた。個別の事業の位置づけや局面も異なり、問題構造も解決すべき事項も異なる多くの事業について、経営会議においては、数十分単位で何らかの判断を下さないといけない。

事業課題の解決の難度が高く、かつ質的に異なるテーマについて、限られた時間内で判断を適時適切にできるとの確信がある経営者がどれだけ世の中にいるだろうか。

加えて、組織としても複雑になりやすい。事業を数多く展開しているほど、単一事業しかやっていない企業に比べ、事業の経営に加えて、機能軸での経営も加わる。そのため、強力なコーポレイト機能も必要となる。

また、会社の機能軸と事業軸でのマトリックス組織運営は、多かれ少なかれ導入せざるをえない。ポートフォリオ管理は、意思決定面でも組織運営面でも複雑になるため、トップだけでなく、極めて高い「本社力」が求められる。落とし穴はこんなところにもあるのだ。

ここまで、ポートフォリオ・マネジメントの視点で、事業戦略と全社戦略の違いを述べてきたが、全社経営における重要なテーマは、他にも存在する。

事業ポートフォリオに隣接するテーマとしては、各SBUの位置づけ、新陳代謝（SBU入れ替え）のメカニズムや基準がある。事業ポートフォリオ全体として、目指す姿や、全社の目標となる成長性や収益性、健全性などの数値目標の設定とマネジメントも挙げられるだろう。全社の組織戦略や財務戦略も、事業戦略を具現化するうえで必要な要素である。

事業戦略の実効性を担保するための組織基盤の作り込みが組織戦略とすれば、財務戦略は、事業戦略を実行するための資金調達指針（BSの右側）、資産の活用指針（BSの左側）と言える。事業の戦略を推進していくオペレーションレベルのテーマでは、組織構造や組織間連携、組織の動機づけのあり方、PDCAの回し方などが重要なテーマであろう。

意思決定の観点からは、基本的な経営哲学や価値観、意思決定メカニズムやガバナンスのあり方も全社の経営の観点からは大切な要素である。

本章の冒頭で、「事業計画は複数のコンポーネントで構成される」と述べたが、全社戦略は、今まで述べたようなレイヤーの異なる複数要素を相互に体系的かつ整合的に組みあげた総体であるところが、事業戦略との大きな違いでもある。

事業が置かれた状況によって異なる着眼点

市場競争環境が大きく激しく変化する局面では、変化に対しての高い適応力が求められる。激しい変化に追随していく（捨てて作る）ことが求められるため、古くて大きな企業ほど対処するのは大変になる。そのため、既存の強いプレーヤーほど、大きな変化には脅威を感じる。逆に言うと、新興プレーヤーや機動力のあるプレーヤーにとっては、それはまたとないチャンスとなる。一方で、市場競争環境の変化に乏しい場合は、「攻めにくく、守りやすい」環境と言える。新興企業が既存の大企業をひっくり返すのは、一般的には、なかなか難しい。

このように、自社の変化対応力の高低によって、どのような局面にある事業ドメインで戦うのがいいのか、どのような変化局面に着眼するのがいいのかが異なるのである。

次に、事業開発のステージや、非連続の飛躍型の成長戦略の策定のときに着眼すべき

「市場の特性」「競争の特性」について考えてみることにする。

まず第一に、新規事業開発や成長戦略を策定する際には、その企業にとっては新規領域や成長空間であっても、既存のプレーヤーがすでにいることは忘れてはいけない。もし、まったく新しく生まれる市場を自社で創造するのだとしても、隣接領域か代替される事業分野には、間違いなく誰かがいる。そのため、新規の領域に進出する際、あるいは大きな飛躍を狙う局面で、我々は「市場・競争環境の変化の潮目があるか、どうやったらうまく捉えられるか」の見極めにエネルギーを注ぐ。

よく新規事業の構想づくりの際には、ついターゲット市場の魅力度の高さに目線がいくのだが、「潮目がどう変わるのか」も欠くことはできない。対象マーケットが質的に量的に変化する中で、それを促す環境要因、競争の構図の大きな変化や、競争の流動化、競争の密度の変化を見極めていくのだ。これらの潮目の変化が起こるタイミングで仕掛けていくほうが効果的な戦略となるからである。

その考察の過程で、これまでとは質的に異なる市場セグメント〈新規参入に適した新しい「マーケット・オポチュニティ〈市場の窓〉」〉が見えてきたりもする。マーケットの変化や、競争の変化がガラガラと音を立てて起きる局面で市場参入。しばらくして自社が確固たる地位を築いたところから、市場や競争の変化が落ち着いていく――こんなシナリオが見通せていたら、事業開発戦略立案としては大成功であろう。

インターネットプロトコルと周辺技術が開発されなければ、ネット社会で台頭しているグーグルやアマゾンは存在しえなかったはず。道路インフラとＩＴの整備がなければ、ヤマト運輸やセブン-イレブンも今のようにはなっていなかったはず。

このような大きな市場機会は、ＩＴや素材技術のような技術革新だけでなく、人口動態の変化や規制の変化、社会インフラの変化、あるいは、それらのコンビネーションによって生まれることがある。自社の事業領域について、技術、社会構造、人口動態の変化が、どんな市場・競争環境の変化の潮目を生み出すのかについて、ぜひ考えてもらいたい。

話は変わって、事業再生の局面に目を転じてみる。新規の事業や産業が生まれるのとは、対極にあるステージである。我々が産業再生機構にいた頃よりも前、すなわちバブル崩壊後、２００５年くらいまでをまずは振り返ろう。

その頃は、本業以外の取り組み、たとえば、ゴルフ場や不動産開発に手を出し、会社の借金が巨額になった、という企業をよく見かけた。一方、最近では、「業界構造が変わったため、本業の調子が悪くなり、借金が返済能力（＝本業が生み出す収益力から返済できる額）をはるかに上回っている」企業が圧倒的に多くなっているようだ。

そのような再生の局面では、自社の主力事業の将来の可能性と限界を見極めることが必要になる。よく「事業性の評価」という言い方をするが、「その事業は優位性と持続性があるのか」を検証することを意味する。「この業種業態はそもそも世の中に残るのか」「業種業態の特有の勝ちパターンは何か」「この会社はその勝ちパターンを満たせるのか」の問いに答えるのである。

新規事業では、「将来、どんな変化が起きるか、それを捉えられるか」という着眼をするが、再生局面では、「過去のセオリーと現在のセオリー、将来のセオリーがどう変わっていくのか」という視点で、市場特性や競争の実態や事業経済性を分析していくことになる。

例として、お菓子の専業卸の再生可能性を取り上げてみよう。数十年前には街角にたくさんあった駄菓子屋さん（お菓子の小売）がなくなり、駄菓子は、コンビニやスーパーなどのチェーン店で買われるようになった。このように小売の環境が変化する中、菓子の専業卸の事業性を考えてもらいたい。また、どのような卸業態が専業卸に代わって台頭してくるのかも併せて考えてみてほしい。

最後に、業界内のポジションが異なると、どのように着眼点が違うのかについて言及する。

まずは、業界トップ企業の場合には、どんなことに注視するかを考えてみよう。業界トップというからには、シェアが高く収益性も上位にいる状態であろう。設定としては、キャッシュ・カウ事業（事業の稼ぎ頭）を強化・持続させるケースと言い換えられる。

このような企業においては、第一に、業界の大きな変化がどこでどう起こるのか、当面は起こらないのかに目を向ける。業界の大きな変化が当面ない場合には、徹底して現在の競争優位を磨き上げていくことが、必勝パターンになるはずだからだ。

反対に、市場競争環境の変化が見て取れる場合はどうだろうか。これは、前述した、「新規事業開発」で着眼した視点を持ちながら、新規プレーヤーの入る余地を徹底的に潰していくことが基本的な方針になる。業界トップであれば、攻めのための余力は他社よりも高いだろうから、新しい市場機会や競争の変化が起きそうな局面に対して、体力勝負を早めに仕掛けていくのである。

ただ、冒頭で話したとおり、それは簡単なことではない。多くの古くて大きな企業にとってはなおさらだ。これまでやってきたことを否定して、あるいは捨てて、新しいことをやるというのは、例外なくとてもハードルが高い。

私たちは再生機構時代から多くの再生局面の企業に関わってきたが、どの会社も「輝かしい栄光の時代」を持っている（それがなければ、企業として大きくはなっていない）。そこが、隠れたもう1つの重要な着眼点でもある。これまでは、外部環境の変化のどこに着眼すべきかという観点で話を進めてきたが、変化の局面で注視すべきは、むしろ組織内部だ。

大きな外部環境の変化が起こることが想定できる。そこにチャレンジする体力は今ならある。ただし、過去を清算しないといけない。すなわち、「その会社自身の生まれ変わりの可能性や難しさの見極め」という着眼がクリティカルになるのである。私たちは、「過去にこの会社がどうやって勝ち抜いて、現在まで勝ち抜いてきたか」に注目する。会社の「よき時代」の残したアセットや仕事のやり方などが、その会社の「ユニークネス」（そして、足かせ）を形成していることが多いためである。

ボトムアップで勝ち抜いてきた組織はそのスタイルをなかなか変えられない。新しいコンセプトを打ち出すことで現在の地位を築いた企業は、社歴が長くなって、今の動きのスピードについていけなくなっても、製品創造力に重きを置いてしまう。業界トップランクにある企業にとっては、その事業領域での勝ちパターンが変質している場合、自社の過去の強みが「負の遺産（持っていることがマイナスに働く）」になる場合が多い。

その状況で自分たちの力で自分自身を「根こそぎ変えられるか」が現実の再生の蓋然性を左右するのである。

局面により、作るべきプランが変わる①——筋のいいアプローチとは

ときどき、事業戦略などのビジネスに関わるプランを見て大きな違和感を持つことがある。一言で言うと、プランの立て方の「筋が悪い」。「不確実性が高いのに、初めから目指す方向を決めてかかっている」「アン・メットニーズ（充足されていないニーズ）をそろそろ絞り込まないと事業の本格展開につながらないのに、何年もあらゆる可能性を模索し続けている」などだ。

プランとは、PDCA管理により現実の成果を出すためのツールである。したがって、筋がいいプランは、「何をベースにプランを組み立て、何を意思決定し、軌道修正の際に何をどう見直すのか」が初めから視野に入っている。

私たちが1990年代初頭に関わっていた携帯電話のアンテナである基地局を広げてい

く計画（置局プラン）を取り上げて考えてみよう。

今でこそ当たり前のように全国をくまなくカバーしている携帯電話だが、新興キャリアの平野部の通話エリアが、先行しているキャリアに対して、大きく見劣りしていた時期がある。新興キャリアが追いつくために、まず、一定の通話カバーエリア（たとえば人口カバー率95%）というゴールが設定される。そして、ゴール達成に向けて、基地局建設のプラン策定に移る。経済的にも、施工工程面でも、合理的な基地局の敷設プランを詳細化し、期間内に遂行する実行計画と体制を組み立てる。それが、置局プランの全体像であった。

携帯キャリアの置局プランにおいて、そのキャリアが置かれている状況が違っていたらどんな置局プランになっていただろうか。基地局を施工してくれるプレーヤーが少ない場合や、基地局を構成する部材が世界中で足りない場合を想定してみよう。その局面では、基地局建設をできる能力（ケイパビリティ）が置局戦略の一番の律速要素になる。

実際にあったことだが、別の状況も頭に浮かべてみよう。通話エリアは広げたが、電波が弱いエリアが都内にもたくさん点在することとなった。基地局設置の候補となるビルは限られており、その限られた候補のビルオーナーを説得しないといけない。また、通常の基地局設置が難しい場合には、代替案として小規模サイズの基地局を複数敷設する作戦をとる、という状況である。この局面では、理想的なプランに加えて、うまくいかなかった場合のプランB、プランCを持っておく必要がある。

ゴールに向かって一直線のプランを組み立てるのが望ましいケース、キャパシティを最大限使うプランが最適なケース、試行錯誤がプラン策定時に想定されているケースを取り上げてみた。会社の置かれた状況次第で「筋がよいプラン」が異なることを理解していただけただろうか。

ここで、これらをもう少しフォーマルに整理してみよう。

まずは、自分たちが作るプランが、事業戦略論で言うところの、ケイパビリティ・ストラテジーとポジショニング・ストラテジーのどちらのタイプなのかが1つの観点である。これは、研究開発や事業開発のステージにおけるシーズベースとニーズベースのどちらのタイプなのかというのと同じ視点である。

本章の前半で、戦略立案のアプローチについて、「市場競争環境を見極めると勝ちパターンが洞察できる」という話をした。勝ちパターンを逸脱しないように、自社の特色や資源を最大活用できるように自社の進むべき道を組み立てるべきだ、というロジックである。

市場や競争環境という外部環境から事業主体者に求められる「市場や競争の合理」や「業界慣習」と、会社側がやっている事業運営の間に客観的にズレが生じている場合に、このロジックは大変よくフィットする。あるいは、これから隣接領域で新規事業として組み立てる場合も同様で、市場側の論理や慣習を先取りして、それにいかに適切に合わせた事業ができるかという客観的な見方が大切な場合においても同様である。

すなわち、本章の前半では、外部環境の論理にどうやってフィットさせたら良好なポジションがとれるか（ポジションベース・ストラテジー）、外部環境からくるニーズにどうやって事業として捉えるか（ニーズベース・ストラテジー）、というアプローチを中心に、いくつかの考え方を解説してきたと言える。

それとは対照的な場合もある。各社、各事業の置かれている状況が、すべてこのパターンに当てはまるとは限らないからだ。たとえば、外部環境はあまり大きな変化がない場合もあるだろう。その局面では、自社の「経営資源」「得意不得意」や「好き嫌い」を見ながら、さらに勝ち抜くための術を考えようとするだろう。

すなわち、自社の資源を最大限生かして戦うにはどうすべきか（ケイパビリティ・ストラテジー）、あるいは、自社の技術など優位性基盤になりうる種を最大活用して戦うためにはどうすべきか（シーズベース・ストラテジー）という考え方である。とくに、会社の個人個人の力を最大化することが勝ちに結びつきやすいケースであれば、客観的な事実に基づく方針というよりも、「これをやりたい」「これなら組織の力が出る」という主観的な要素が戦略の中心になったほうがリアリティが伴う。

繰り返そう。明らかに、外部環境とこれまで自社がやってきていたことに、ズレが生じているのであれば、ポジションベース・ストラテジーのような、「将来、どのような外部環境の潮流を捉えて、どのような事業ポジションを獲得することを目指すべきか」という問題意識で事業戦略を組み立てるべきである。

一方で、外部環境の大きな変化がない場合、あるいは、いろいろな事業用途、あるいは、勝ちパターンがありえて、むしろ自社の得意とすることを最大限に活かしたほうが、優位性を高められるのであれば、そのケイパビリティに着眼して事業戦略を組み立てるのが「筋がいい」のである。

筋の善し悪しを見るもう1つの観点が、「不確実性」である。その会社や事業が置かれた環境変化が、遠い将来にわたってかなり見通せる場合、あるいは変化があまり起きない場合には、事業戦略は「絶対にこの道しかない」という決定論的（Deterministic）に定めることができる。また、事業展開のシナリオも、いわば直線的（Liner）に描くことが可能だ。

一方で、事業環境の変化が見通せない場合、あるいは、自社がどこまでの優位性を作れるかが測れない場合には、この決定論的なアプローチはうまくいかない。事業の組み立てをするうえで、誰かと組む必要があるが、現時点では、確実な相手が見つかっているわけではない場合も不確実性が高いと言える。また、打ち手は想定できるものの、その効果についでは、実際にやってみないとわからない場合もある。このようなケースでは、事業戦略シナリオも、「やってみないとわからない」という試行錯誤的（Heuristic）な事業展開になることを頭に入れて立案しないとうまくいかない。

また「いろいろ予期しにくく、偶然性的な側面が強い」のであれば、事業展開も、機会的（Opportunistic）であることを前提に、「価値あるものにめぐり合ったら、それを確実にものにする」という組織行動を軸に、事業展開を考えるほうが筋はよいと言える。

一般に、新興国向けのビジネスのほうが、成熟期にある先進国の成熟したビジネスよりも不確実性は高い。事業をするうえでのインフラすら整っていない場合が多く、誰と組め

図表36　事業戦略の類型

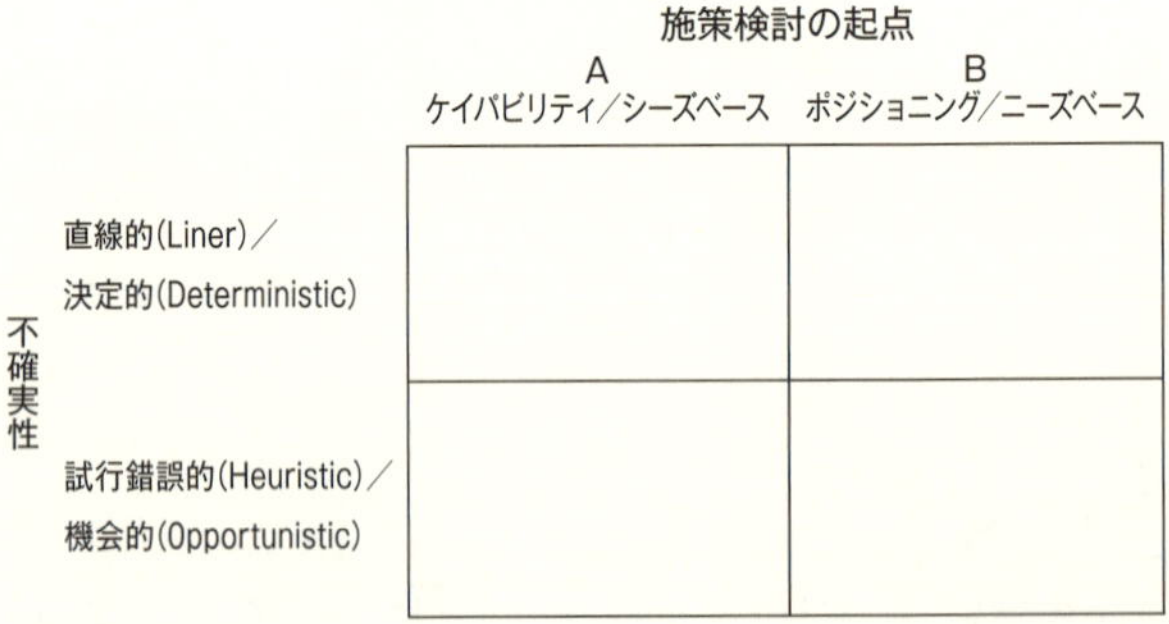

ばうまくいくのかも未知数だったりする。例として、住宅設備機器（キッチンやサッシなど）のメーカーの新興国向けのビジネスを想像してみてほしい。この数十年で住宅環境が変わる局面であれば、現在の中心的な売れ筋は10年後には様変わりするであろう。今は想像できなくても、流通構造や施工の仕組みについても大きく変化していくはずだ。

　事業環境の変化が激しい典型例は、ＩＴ業界であろう。10年後の事業環境を予測して、緻密な事業戦略を組み立てて、着実に実行していくことができる領域とそれができる天才はどこかにいるかもしれない。ただ、一般的には、不確実性が高い事業環境で、事業を切り拓いていくこと。そのために協業プレーヤーとの偶発的な出会いも大切にした機動的な事業運営を前提としての事業戦略を組み立てるほうが、「筋がよい」はずである。

このように、作るべきプランを類型化してみたが、取り組むべきテーマの不確実性が高いのだとすると、どうせいろいろ考え抜いても、あるいは、徹底して実行しても、成果にダイレクトに結びつくわけでもない。すなわち、考えながら・動きながらも、随時軌道修正をしていく、すなわちCheckのやり方とタイミング・頻度の設定をプランニングすることが重要ということになるのである。

企業組織の舵取りの適時性と的確性を高める（＝経営を楽にする）ためのツールが事業戦略である。経営の舵取りの実効性という観点から、「筋のよい戦略か否か」を評価してもらいたい。

局面により、作るべきプランが変わる②——ストレッチとコミットメント

カルロス・ゴーン氏が日産自動車のトップに就任した際、日産リバイバルプランの実行において「コミットメント」という言葉を何度も使っていたのを記憶されている方も多いだろう。「それが達成できなければ辞任も」という必達目標であったと記憶している。

ただ、２０１０年頃からは、コミットメントだけではなく、ターゲット目標を設定しての経営へと切り替えていったようである。この日産の例のように、目標やゴール設定をど

んな狙いで、どこに設定するかは、会社や事業が置かれている状況と切り離すことができない。

1つの例として、産業再生機構の支援企業について話をしよう。「債務超過」の状況にある会社が再生機構に相談に来た。再生機構は、再生計画の策定サポートをしたわけだが、「実効性の高い計画を策定し、計画が達成されても返済できない分の超過借入を金融機関に応分に放棄してもらうこと」も盛り込む事業計画となる。

このような局面においては、下振れリスクが大きく再度債務超過になるような計画は容認されない。希望的観測ばかりを含む現状からはストレッチされた計画も認められない。計画を作るための情報収集の段階から、必達目標となる「コミットメント計画」を策定することが前提となっているのである。

一方で、対象とする市場が大きく拡大基調にあって、自社も成長を狙おうとしている場合、売上や利益を「必達目標」にしなければならない理由はあまりない。市場成長がどのくらいあるのかを精査して売上拡大の余地を精緻に見極め、そこにミートさせる努力をしていくよりは、可能な限りの「ストレッチ」をすることのほうが、事業運営上は正しい。

もちろん、ストレッチ計画とは上振れにチャレンジする代わりに、下振れリスクを内包している計画になる。下振れをしたとしても、それが会社にとって多大なネガティブインパクトとして働くわけではない場合は、総じて、ストレッチ目標（日産自動車の場合は、ターゲット目標）を設定して、ＰＤＣＡを回していくほうがよい。

次に、時間軸の設定について考えてみる。どの企業、どの事業も、１年間に最低でも１回以上はＰＤＣＡを回しているはずだ。とはいえ、月次でＰＤＣＡを回さないと不十分な事業もあれば、もっと細かくＰＤＣＡを回す必要がある事業もある。あるいは、４半期チェックでも問題ない事業もある。

感覚的にわかると思うが、季節性がある衣服関連の事業は、基本単位は日本の四季。季節に合わせて４半期に１回サイクルでブランド展開を検討している場合が多い。チャネル戦略などの中期的な打ち手についても、せいぜい３年先をスコープに置いているだろう。

一方で、ネット系ビジネスの中には、３年先はとてもではないが見通すことができないケースも多い。想定しても意味がない。反対に、天然資源に関するビジネス、たとえば、シェールガス発掘事業はかなり長期での投資回収となるので、３年で切れている事業計画・投資回収計画を作ることはない。

このように事業の特性と戦略や計画の時間軸の長さは密接にリンクするのだが、現実の事業運営ではどうなっているだろうか。投資家説明や金融機関対応のために、過去に中期経営計画で掲げた目標を下せない（実質的にストレッチ目標となっている）場合もあろう。

また、これまでの計画の立て方や慣習に影響されるケースもある。事業環境は変化しているが、ストレッチ（もしくはコミットメント）の目標設定方針を変更しない会社もある。

そのようなケースに当てはまりそうであれば、目標設定の考え方やタイムフレームの妥当性を高めるためにどうするかを改めて考えてもらいたい。ＰＤＣＡを回して経営の舵取りをしていくツールである事業戦略や事業計画に掲げられている目標について、「はたして、その目標設定の仕方は、適当であると言えるのか」をぜひ考えていただきたい。

「時代、状況は刻々と変わっているのに、過去のやり方の延長（惰性）で、戦略や計画を作っていないだろうか。そもそもどんな計画を作るべきなのだろうか」と自らに問いかけてみるのである。

ＩＧＰＩ流チェックポイント14

勝ち抜きのシナリオを描いたときに確認してほしいことがある。それは、変革始動のセン

ターピンは何か、そして、そのセンターピンからスタートする道筋は、エンドゲームでの勝ち組の姿につながっているか、だ。

最後に：近江商人の「三方よし」（売り手よし、買い手よし、世間よし）

アイリスオーヤマの企業理念のトップは、「1．会社の目的は永遠に存続すること。いかなる時代環境に於いても利益の出せる仕組みを確立すること」だ。これを「会社組織の存続を目的化している」と受け止めてはいけない。持続的に全ステークホルダーに価値を提供し続けるには、「儲けていること」は大前提である。自社が十分に「儲かる」からこそ、たとえ、逆境に置かれても事業継続ができるのだ。

振り返ると、日本の多くのメーカーが、震災やタイの洪水、円安で大打撃を受け、何重苦と言われた時期があった。そんな中、もし、他社が逆境にあるとき、自社に余裕があったら、合従連衡を仕掛ける立場となることができ、大きく競争の構図は変えられたはずだ。

また、「儲けている」だけではいけない。下請けにしわ寄せが行っている、ブラック企業一歩手前であるという状況では、いつしか事業の継続に危険信号がともるはずだからである。

近江商人の「三方よし（売り手よし、買い手よし、世間よし）」は、現代にも通じる言葉だ。ちなみに、「経営共創基盤（ＩＧＰＩ）」という社名には、経営というフィールドで、さまざまなプレーヤーと「共」に価値を「創造」していく「基盤」になりたいという思いを込めている。そのようなスタンスで創業したこともあり、「社会益と顧客益と自益の調和合一を狙うこと」を経営方針の１つに入れている。

少し脱線したが、事業計画は、さまざまな打ち手がうまく結合して、１つの事業展開のシナリオになっているかというのも重要な観点である。「勝ちパターン」という表現をこれまで随所で使ってきたので、「静態的」な勝ちの姿があるように受け取られているかもしれない。

だが、現実の経営は、将来の成功のために、変化の潮流を捉えながら、舵取りを適時適切にし続けることに、その本質がある。したがって、さまざまな事象のある時点のワンカットで方針を決めるのでは不十分であり、「戦略」のシナリオ化が、変化の対応力をより高めることにつながる。事業展開のシナリオとは、その事業や会社の経営の舵取りをしていく道筋（ゴールと現在地を結ぶ経路）でもあり、ある種の好循環を生み出して、さらに競争優位性が強化されていくようなサイクルに到達している姿とも言える。「風が吹けば桶屋が儲かる」のことわざのように、いろいろな因果がつながっている仕上がりになっているか、自社の事業計画を改めて見直してみてほしい。

〈執筆者〉

斉藤 剛（さいとう・たけし）
経営共創基盤（IGPI）パートナー／取締役マネージングディレクター
東京工業大学工学修士、カーネギーメロン大学理学修士（MS in eCommerce）。CDIにて、事業立ち上げや戦略転換の局面における事業戦略立案と実行プロジェクトに数多く関与。産業再生機構に参画し、複数の支援企業を統括。OCC、カネボウの取締役を歴任。IGPI設立後は、製造業、情報通信、サービス業を中心に、成長加速化、事業創造、事業と財務の一体改革、企業買収と買収後統合などを推進している。文部科学省作業部会委員、ISLファカルティ、エクスビジョン社外取締役を務める。

安井元康（やすい・もとやす）
プリンシパル
明治学院大学国際学部卒、ケンブリッジ大学経営学修士（MBA）、Certified Management Accountant（CMA）。アニメーションの企画・制作を手掛けるベンチャー企業を経て、ベンチャーのMCJにて財務・利益計画立案等を担当。IPO実務責任者として、東証への上場を達成後、同社執行役員経営企画室長（グループCFO）に就任。IGPI参画後は、各種M&A及びPMIプロジェクト、中期事業計画策定支援、成長戦略の立案等に従事の他、ぴあ執行役員（管理部門担当）として同社の事業構造改革、財務、管理会計等を担当。主な著書に『非学歴エリート』（飛鳥新社）がある。

浜村伸二（はまむら・しんじ）
ディレクター
早稲田大学教育学部卒。アクセンチュアにて、製造業、流通業を中心に中期経営計画の策定、BPR/IT戦略の立案・実行支援を実施。その後、産業再生機構にて、製造業を中心に事業再生計画作成、ハンズオンでの経営支援に従事。IGPI参画後は、製造業、小売業、外食業等の事業再生計画の策定・実行支援、M&Aアドバイザリー、投資業務等に従事。

望月愛子（もちづき・あいこ）
ディレクター
早稲田大学政治経済学部卒、公認会計士。中央青山監査法人にて、大手上場企業の法定監査・内部統制監査、公開準備支援等の業務に従事。IGPI参画後は、製造業、IT業を中心に再生・成長支援にかかわる経営計画立案・実行サポート、デューデリジェンス、M&Aアドバイザリー等に携わる。日本アビオニクス社外取締役。

冨山和彦（とやま・かずひこ）
経営共創基盤（IGPI）代表取締役 CEO
1960年生まれ。1985年、東京大学法学部卒。在学中に司法試験合格。1992年、スタンフォード大学経営学修士（MBA）。ボストン コンサルティング グループ、コーポレイト ディレクション代表取締役を経て、2003年、産業再生機構設立時に参画し、COOに就任。解散後、IGPIを設立、数多くの企業の経営改革や成長支援に携わり、現在に至る。オムロン社外取締役、ぴあ社外取締役、経済同友会副代表幹事。財務省・財政投融資に関する基本問題検討会委員、内閣府・税制調査会特別委員、文部科学省・国立大学法人評価委員会「官民イノベーションプログラム部会」委員、経済産業省・「稼ぐ力」創出研究会委員、金融庁・コーポレートガバナンス・コード策定に関する有識者会議メンバー、公正取引委員会・競争政策と公的再生支援の在り方に関する研究会委員、まち・ひと・しごと創生会議有識者等を務める。著書に『稼ぐ力を取り戻せ！――日本のモノづくり復活の処方箋』（日本経済新聞出版社）、『結果を出すリーダーはみな非情である――30代から鍛える意思決定力』（ダイヤモンド社）、『ビッグチャンス――追い風の今、日本企業がやるべきこと』『なぜローカル経済から日本は甦るのか――GとLの経済成長戦略』（以上、PHP研究所）などがある。

経営共創基盤（けいえいきょうそうきばん）
Industrial Growth Platform, Inc. (IGPI)
2007年創立。企業経営者、経営コンサルタント、財務プロフェッショナル、会計士、税理士、弁護士等150名の人材を有する。常駐協業型経営支援、事業・財務連動アドバイザリー、出資先の企業経営等、IGPIならではのプロフェッショナルサービスを通じて、企業価値・事業価値向上への道筋を顧客企業と共に創り出している。主な出資先・関連企業に、みちのりホールディングス、IGPI上海、IGPIシンガポールがある。

PHP
Business Shinsho

PHPビジネス新書 332

IGPI流
ビジネスプランニングのリアル・ノウハウ

2015年5月1日　第1版第1刷発行

著　　者　冨山和彦
　　　　　経営共創基盤
発行者　小林成彦
発行所　株式会社PHP研究所
東京本部　〒102-8331　東京都千代田区一番町21
ビジネス出版部　☎03-3239-6274(編集)
普及一部　☎03-3239-6233(販売)
京都本部　〒601-8411　京都市南区西九条北ノ内町11
PHP INTERFACE　http://www.php.co.jp/
装　　幀　齋藤 稔(株式会社ジーラム)
制作協力・組版　有限会社メディアネット
印刷所　共同印刷株式会社
製本所　東京美術紙工協業組合

ISBN978-4-569-81521-3

「ＰＨＰビジネス新書」発刊にあたって

わからないことがあったら「インターネット」で何でも一発で調べられる時代。本という形でビジネスの知識を提供することに何の意味があるのか……その一つの答えとして「**血の通った実務書**」というコンセプトを提案させていただくのが本シリーズです。

経営知識やスキルといった、誰が語っても同じに思えるものでも、ビジネス界の第一線で活躍する人の語る言葉には、独特の迫力があります。そんな、「**現場を知る人が本音で語る**」知識を、ビジネスのあらゆる分野においてご提供していきたいと思っております。

本シリーズのシンボルマークは、理屈よりも実用性を重んじた古代ローマ人のイメージです。彼らが残した知識のように、本書の内容が永きにわたって皆様のビジネスのお役に立ち続けることを願っております。

二〇〇六年四月

ＰＨＰ研究所

PHPビジネス新書

挫折力――一流になれる50の思考・行動術

冨山和彦 著

挫折こそが仕事力を高める近道だった！産業再生機構にて多くの企業を復活させた著者が、これからのリーダーに不可欠な力を説く。

定価 本体八二〇円（税別）

PHPビジネス新書

30代が覇権を握る！日本経済

冨山和彦　著

「働き盛り」のカネ回りが良くなり、努力が報われる社会へ。優雅な「団塊の世代」を甘やかすな……、スカッとする経済提言が満載。

定価　本体九〇〇円（税別）

PHPビジネス新書

IGPI流
セルフマネジメントのリアル・ノウハウ

冨山和彦／経営共創基盤 著

企業買収のプロが実体験に基づき、M&Aされた会社や事業部でサバイバルするための思考と行動、ビジネススキルをリアルに描き出す。

定価 本体八二〇円（税別）

PHPビジネス新書

IGPI流

経営分析のリアル・ノウハウ

冨山和彦／経営共創基盤　著

勤めている会社は大丈夫か？　取引先は？　会社再生のプロが実践する37の手法。メーカー、小売・卸、飲食ビジネスなどエピソード満載！

定価　本体八二〇円（税別）